当代高等英语教育学术文库

多维视野下高职英语教学研究

许艳平 著

中国财富出版社有限公司

图书在版编目（CIP）数据

多维视野下高职英语教学研究／许艳平著. —北京：中国财富出版社有限公司，2023.8

（当代高等英语教育学术文库）

ISBN 978-7-5047-7567-2

Ⅰ.①多… Ⅱ.①许… Ⅲ.①英语—教学研究—高等职业教育 Ⅳ.①H319.3

中国版本图书馆 CIP 数据核字（2021）第 215934 号

策划编辑	郑晓雯 李 丽	**责任编辑**	邢有涛 郭怡君	**版权编辑**	李 洋
责任印制	尚立业	**责任校对**	卓闪闪	**责任发行**	杨 江

出版发行	中国财富出版社有限公司		
社 址	北京市丰台区南四环西路 188 号 5 区 20 楼	**邮政编码**	100070
电 话	010-52227588 转 2098（发行部） 010-52227566（24 小时读者服务）		010-52227588 转 321（总编室） 010-52227588 转 305（质检部）
网 址	http://www.cfpress.com.cn	**排 版**	宝蕾元
经 销	新华书店	**印 刷**	北京九州迅驰传媒文化有限公司
书 号	ISBN 978-7-5047-7567-2/H·0163		
开 本	710mm×1000mm 1/16	**版 次**	2023 年 8 月第 1 版
印 张	9.5	**印 次**	2023 年 8 月第 1 次印刷
字 数	161 千字	**定 价**	68.00 元

前　言

随着经济全球化进程不断加快，英语在对外交流中发挥着越来越重要的作用。中国经济的迅猛发展促使越来越多的企业走向国际市场，也使得国外企业将中国市场作为未来发展的主要阵地之一。据此，国内外企业对人才质量提出了更高的要求。职业教育是我国国民教育体系和人力资源开发的重要组成部分，肩负着培养多样化人才、传承技术技能、促进就业创业的重要职责。但是，目前高职院校所培养的人才并不能切实满足时代发展需求，重要的原因之一便是高职学生的英语应用能力不足。虽然高职学生接受了系统的英语教育，但是他们的英语交际能力未得到有效提升，因此他们不具备未来工作岗位所要求的涉外事务能力，难以满足国内外企业对高素质技术技能人才的需求。本书从多个维度出发，对高职英语教学进行研究。这具有一定的时代意义与价值。期望本书的出版能为高职英语教学质量的提升提供一定的参考。

鉴于我国高职英语教学面临的困境，本书从生态学视野、多元智能视野、建构主义视野、职业能力视野等维度出发，探讨了高职英语教学的现状与问题，展现了高职英语教学的实际情况，并根据研究结果为提升高职英语教学质量提供了具有针对性的策略。

本书参考了大量的文献和资料，在此对原作者表示诚挚的谢意！

由于本书编写时间仓促，加之作者水平有限，疏漏之处在所难免，恳请广大读者批评指正。

作者

2021 年 5 月

目　录

第一章　导论

第一节　研究背景与意义

一、研究背景

随着全球经济一体化进程加快，英语在国际日益频繁的政治、经济、文化交流中的地位越来越重要。实践证明，英语早已成为引进和借鉴国外先进技术和管理经营理念、对外传播中国文化、加强人与人之间沟通的重要桥梁。

作为我国高等教育大家庭的重要成员之一，高等职业（以下简称高职）教育在过去的发展中取得了丰硕的成果，为社会各行各业培养了大批高素质技术技能人才，在促进国家和地方经济快速发展以及加强对外交流中发挥了不可替代的作用。然而，高职教育在取得可喜成绩的同时，依然面临着严峻的挑战。一方面，经济发展进入新阶段，转变发展方式、优化经济结构、转换增长动力对高素质技术技能人才提出了更高的要求；另一方面，高职院校培养的人才很难满足社会各个领域的需求。高职院校迫切需要加大教学改革力度，加强内涵建设，提高整体教育教学质量，以满足社会对人才的需求。

高职教育的目标是着力培养生产、管理、服务一线需要的高素质技术技能人才，鉴于此，高职院校开设的课程应该从学生将来从事的工作出发，以满足职业岗位对人才的要求，满足学生对未来职业发展的要求，凸显职业教育的职业性与实践性特点。

作为高职阶段一门重要的课程，公共英语的目的是培养并提升学生的英语实际应用能力，以满足其日后的生活与就业需求。对于高职学生来说，英语水平的高低不仅是自身素质的重要体现，还会影响毕业后的职业发展情况。

高职院校的公共英语教学长期处于一种被孤立的境况，其教学现状存在一些问题。其教学内容更倾向于展现高职教育中的“高等”意义，所教授的内容注重基础和理论，与提升学生就业竞争力的目标衔接不够紧密。对于“职业”意义，英语教学与学生未来职业岗位能力培养脱节，无法充分体现英语教学在职业教育中的重要地位和作用。这就导致一部分人对高职英语教学产生误解，他们认为，在高职院校学英语与不学英语一样，学多学少一样，进而影响学生的学习热情，致使高职英语教学开展费时且低效。社会各行业对高职学生的英语技能不满度上升，也使得高职院校的公共英语课程陷入教学课时被减的“窘境”。

但是，随着国际交流日益频繁，国内企业的国际化和国外企业的本土化加快，国际型人才的缺口越来越大，这就要求高职学生不仅要掌握扎实的专业知识和技能，还要具备熟练应用英语进行日常交流、解决工作中的实际问题、处理相关工作事务的能力。英语综合技能成为衡量人才的一个重要指标，这是不可避免的。

据此，公共英语教学必须与时俱进，立足于学生未来的职业发展，进行改革。坚持“以能力为本位，以应用为目标”的教育理念，才能帮助学生开拓更广阔的就业前景。在教学过程中注入职业要素和实践要素，突出英语教学的社会性，逐步实现公共英语向职业英语的转型，以满足学生未来职业能力发展和后续教育的需要。

为了切实提高高职英语教学质量，本书基于上述背景，从多个理论维度出发，对高职英语教学现状及存在的问题展开研究，并提出了针对性的解决策略，以助力高职英语教学的发展。

二、研究意义

高职英语教育是我国高等教育的重要组成部分。在人才需求多元化的背景下，社会对高职学生的要求与本科生不同。高职教育立足于经济社会发展需求，是要培养生产、建设、管理、服务一线的高素质技术技能人才，因此，动手能力强的高职学生更受用人单位青睐。但高职学生的英语实际应用能力较弱，企业更倾向于给他们国内的职位。如果高职学生能进行流利的英语表达，具有使用与专业相关的职业英语的能力，那么他们在就业市场上会有很强的竞争力。

本书从多个理论维度出发，进行高职英语教学实践探索，研究并尝试提出适合高职学生英语学习的教学环境、教学内容、教学方式，以及教学评价方式等。分析多元智能理论对于提高教学水平，了解学生的差异，发展学生的综合能力有很重要的意义。目前，高等职业教育发展机遇良好，高职英语教学问题却层出不穷。社会各领域快速国际化对人才提出了更高的要求，在这一背景下，进行高职英语教学研究，既有理论意义，又有实践意义。

第一，理论意义。本研究有利于推进我国高职英语课程教学改革理论研究，探究适合高职英语课程的教学规律，有效推动高职英语课程的发展。传统的公共英语教学研究偏向于本科英语教学，这影响了高职英语教学研究的广度与深度。本研究期望通过生态学理论、多元智能理论、建构主义理论，以及职业能力理论探索高职英语教学的必要性和可行性，揭示高职英语教学的现状及存在的问题，并分析存在问题的原因，提出解决问题的对策，从而明确高职英语教学改革的内容、方法和特点，为高职英语教学改革实践提供依据。

第二，实践意义。本研究首先有助于加强高职英语教师对英语教学理论的认识，从而进一步明确实施高职英语教学的可行性和必要性，促进英语教学质量进一步提升，达到公共课为专业课服务的目的，为学生今后就业提供强有力的保障。其次有利于改善高职英语教学中学生被动学习以及消极学习的状态。将职业英语与职业技能有机地融合在一起，有利于激发学生的学习动机，培养学生的自主学习能力，提高学习效率。最后有助于提高高职教育人才培养质量。教学改革是教育发展的重要动力，推动高职英语教学改革，把公共英语教学和职业教育有机结合，有助于提高教学质量的同时，提升教育质量，提高人才培养质量。

第二节 国内外研究现状综述

一、国外研究现状综述

（一）生态学视野下英语教学研究

Sharma（2020）探讨了尼泊尔加德满都大学英语教师所采用的生态课堂实

践。该研究具体解释了三位高中英语教师在课堂上对语言生态教学的感受。通过对三位中学英语教师的访谈，该研究回顾了他们的教学经历，将三位教师的经验以叙述的形式，收集、转录、编码、分析主题并呈现在新兴主题的概念中，有效探索了英语语言教学课堂的生态实践。

Zahoor 等人（2020）认为，在全球范围内，英语教学不仅应注重培养学习者的语言技能，还应加强他们对环境危机等重大问题的意识，这一信念导致了英语教材的“绿化”。英语教材中绿色内容的生态教育学意义在于其对自然和人与自然关系的语言/话语表达，因为它决定了人类感知和对待自然的方式。生态语言学作为一种新兴的语言学研究范式，为分析语篇中的生态建构提供了前提。

Saiful（2020）指出，自然对我们很重要，但社会的现代化和工业化造成了严重的环境污染，破坏了自然生态。Saiful 的生态批评研究旨在唤醒人对自然的归属感。

（二）多元智能视野下英语教学研究

Ghouati 等人（2020）探讨了多元智能在中学阶段英语学习中的应用。他们采用实验组、控制组前测后测准实验设计，通过预测试来评估两组学生的课程前表现。实验组的学生在 17 周的时间里通过各种活动来学习英语，目标是拓展智力的各个方面。在实验结束时，两组学生接受了同一测试。研究结果表明，该方法对学习者的英语学习成绩有积极影响。

Molaie（2018）从多元智能理论的角度探讨了语言教学的影响。Molaie 认为，学生的成功不仅受指导方式的影响，而且受多元智能理论的影响，即学生对一系列与自身相关的环境作出适当反应的能力会影响其成功的程度。

（三）建构主义视野下英语教学研究

Chaurasia（2020）指出，建构主义对数学教育有很重要的影响，这种影响从近年来国际上出版的大量有关建构主义的著述中可见一斑。例如，《美国国家科学教育标准》就是以建构主义理论为指导思想的全国性科学指导纲领，英国利兹大学的科学教育研究中心一直运用建构主义理论指导科学教学改革，德国基尔大学的杜特博士曾倡导用建构主义理论改革科学教育。

Islam（2019）将建构主义学习理论应用于英语教学中，以培养孟加拉国高等中学学生的交际能力。虽然孟加拉国的国家课程已经启动了几十年，但学生使用英语进行交流的能力仍然受到质疑。在此背景下，Islam 以建构主义学习理论、支架式教学和合作学习教学为指导，为孟加拉大学 11 年级的学生制定了学习方案。

二、国内研究现状综述

（一）多维视野下英语教学研究

郑旭（2021）认为，英语是国际上主要的交流语言之一，全球大多数国家在商务贸易往来时会使用英语进行交流。在经济全球化进程中，我国要更加积极主动地参与国际分工，因此英语课程的学习对于学生而言极为重要。为了帮助学生巩固英语基础能力，提高英语应用能力，高校教师在教学过程中运用了多维互动的教学模式。

杨夏芸（2021）指出，多维互动教学模式可以降低学生学习英语的难度，激发学生的学习兴趣，帮助学生树立学习英语的信心，让学生感受到学习英语的乐趣。基于此，杨夏芸结合自身英语教学经验，对多维互动教学模式进行了深入探究。杨夏芸在尊重学生主体地位的基础上，提出具有针对性的问题，以增加课堂互动，增进师生之间的交流，从而提高英语教学质量。

郭定芹（2019）认为，随着人们对英语语言学研究与应用的深入，人们逐渐发现英语语言学的研究不应该只局限于语言的深度研究，而应该在现代多元文化与需求的基础上实现英语语言学研究的横向发展。近年来，英语语言学和教育学、心理学、人类学、社会学、文化学等学科的交叉性研究获得了较大的突破，在开阔现代英语语言学研究视野的同时，也为特定的英语语言学研究与应用提供了更加科学有效的指导和帮助，增强了英语语言学研究理论体系的实践应用价值。

刘微（2019）指出，互联网技术的快速发展使我国英语教学方式也在改变。受互联网技术的影响，移动学习平台在高职英语多维式教学中得到快速应用，为高职英语的教学工作创造了良好的情境。通过对高职英语教学过程中的问题进行分析，刘微归纳总结了移动学习平台在高职英语多维式教学中的策略，为提高高职英语教学效果提供了一定的指导意义。

从修凡（2019）指出，大学期间的英语学习时长被大大缩短，但是英语学习任务仍然很重，而国家对人才的要求日益见长，这就要求学校培养出英语方面的高素质人才。基于这种现状，多维的教学方法应得到推广。

李娇（2019）探索了大学英语多维教学实践模式，这包括四个方面：一是互动式的情境教学；二是有效应用网络多媒体技术进行语言实践；三是促进大学英语口语教学的动态化、自主化转变；四是转变学生评价考核方式。

（二）生态学视野下英语教学研究

潘虹（2021）指出，随着社会科学文化的快速发展，我国高职英语教学过程已经使用了生态教学理念。在该理念下，英语课堂生态环境和英语课堂生态主体中的学生、教师之间可以形成教学中的微观生态系统，避免高职英语在信息化教学中出现“生态失衡”问题。潘虹结合实际的教学情况，提出了完善高职英语信息化教学的具体策略，以帮助高职英语教学营造出浓厚的生态氛围，使课堂生态环境统一、课堂物理环境协调。

鲁鸣（2021）认为，随着教育生态学理念的发展，大学英语教学改革实践呈现出新样貌，这体现在理论研究层面，即大学英语教学改革的相关研究在原本的基础上进行拓展，将教师意识、学生自主学习、课程设置、教学策略等内容纳入研究体系，将各方向的研究紧密结合，呈现出体系化的大学英语教学改革方案。由此可见，教育生态学理念为大学英语教学改革探索注入了新生力量，具有研究与实践的可行性与必要性。

马辉和国锐（2021）指出，面对新的社会需求，大学英语教学应处理好其系统与各个关键因子之间的关系，构建线上－线下相融合的大学英语教学生态模式，创设和谐的大学英语教学生态环境。

陈明洁（2021）认为，随着经济全球化、教育国际化、文化多元化，以及信息技术的迅猛发展，高职英语教学改革过程中出现了“学用分离”“供需失衡”等问题。基于教育生态学理论，高职英语教学改革应关注四个方面：保障主体供给，关注教师生态化发展；兼顾素质、知识和技能目标，确保教育供需平衡；注重工具性与人文性平衡，促进学生综合能力培养；丰富供给内容和渠道，推动教学模式改革。

王大方（2020）指出，在生态语言教学观的视域下，英语教学体系是由教师、学生和教学环境等多个因子构成的动态生态系统，各生态因子之间相互影响、相互作用。将这些因子与信息技术有机融合是实现健康、可持续发展的教学生态的关键。针对目前大学英语信息化教学中存在的一些失衡现象，王大方深入探讨了如何在线上－线下混合教学模式中实现教师、学生和教学资源之间的互动这一问题，以便重建和谐平衡的教学生态，实现师生的共同成长。

徐爱君（2020）指出，在新课改教学背景下，高职人才培养越来越强调学生的综合能力和学科素养，各学科教学要求也随之提高。英语是高校教学的重点内容之一，将教育生态化理念融入英语课堂，尊重学生的个体化差异，坚持以人为本的教学理念，有利于提升英语教学效果，保障高职人才培养的科学性。

孙蕊（2020）从高职英语教学现状出发，运用教育生态学理论研究了信息化背景下高职英语教学环境和教学要素之间的关系。孙蕊从教育生态学角度对信息化时代高职英语教学重构原则、重构策略等层面进行了探索，给高职英语教学改革带来了全新的视角，为促进高职英语教学质量的提升提供了参考。

倪宇红（2020）从教育生态学的角度全面分析了高职英语教学过程中存在的“生态失衡”问题，并以个体发展与外部环境的动态平衡和个体发展的内部平衡为指导原则，运用生态学的基本规律，提出了建立积极、互动的高职英语生态教学模式，强调了以人为本、可持续发展的生态理念。

章薇（2019）认为，随着近年来互联网信息技术的发展，高职英语教学的生态课堂由宏观的知识体系架构转向微观的教学设计。通过学生的学习状况、能力差异等开展英语课程硬件、教学内容、教学方式等要素的组织与革新，可以提高学生的英语知识储备与职业素养。

王莉（2019）指出，生态理念指的是人对自然环境、社会环境的生态保护与发展观念，其以保护自然环境为基础，重视人与自然、人与社会的共同发展。教学生态学研究的是教学和教学生态环境之间的关系，教学与教学环境之间存在的规律和机理，以及以系统整体、动态平衡、和谐发展为理念开展的教学活动。现如今，生态理念下的高职英语教学存在生态重叠、生态特化，以及生态受损的现象。基于促进学生综合能力发展的目的，王莉从构建高校英语生态课堂、建立生态教学环境、制定生态考核机制三个方面展开了探讨。

（三）多元智能视野下英语教学研究

陈睿和李秀娟（2020）指出，随着时代的发展与变化，英语已经成为全球通用性语言，有效开展英语教学、提升学生英语水平，是适应时代发展诉求的举措。多元智能理论关注个体的差异性，强调利用多元化手段激发个体的多元潜能和主观能动性，有助于实现个体的全面发展，将其应用于高校英语教学具有显著的理论优势，能为我国高校英语教学改革提供理论指导。

吴伟（2020）指出，多元智能理论可以为英语教学的发展提供非常丰富的理论基础。吴伟将智能主要分为以下八种：语言智能、逻辑－数学智能、空间思维智能、音乐智能、身体－动觉智能、人际交往智能、自我认知智能、自然智能。这八种智能因素在现实生活中并非孤立存在、毫不相关，而是以不同的方式、不同程度地组合在一起，共同构成一组完整的智能。它们同等重要，应均衡发展。

潘卫华（2019）指出，自 2001 年以来，《英语课程标准》给英语教育教学改革指明了新的方向，拓宽了改革思路。但如何将先进的理念引入教学实践才是关键的问题。因此，潘卫华从理论的角度探讨了如何运用多元智能理论促进我国的英语教学进程。

张宝花（2019）认同多元智能理论，认为人的智能是多元的，且处于发展和作用的动态过程中。人有多种智能，这些智能强弱不同，但互为补充。通过优势智能向其他智能的迁移可以实现人的全面发展。目前大学英语课堂存在一些问题，张宝花希望通过创设多元的教学情境，运用多元的合作学习方式，构建多元评价体系等方法，充分发挥多元智能理论的积极作用，促进高校英语教学。

何姗姗（2018）认为，当前高校学生个体差异大，英语基础参差不齐等问题对大学英语教学提出了新的挑战。多元智能理论具有多元性、差异性、实践性和发展性等特点，从教学目标、教学模式和教学评价等方面探索多元智能理论在大学英语教学中的应用，可以为大学英语教师教学提供方法指导。

董莹莹（2016）认为，多元智能理论为因材施教赋予了新的内涵，它要求高校英语教师转变传统的教学策略和评价体系。而在新信息技术环境下实践以多元智能为基础的大学英语教学改革为高校英语教师带来了新的挑战。教师不仅要注重学生多元智能的全面发展，还要发展并优化自身的优势智能。同时，教师还要积极思考，以便调整教学方法，更新教学模式。

（四）建构主义视野下英语教学研究

马培培（2021）以建构主义为立足点，研究“智慧课堂”在高职英语教学过程中产生的积极作用，剖析课堂的“智慧性”，以及教师的“智慧型”转变，建构出可以参考和借鉴的高职英语“智慧课堂”理论模型。

冯丽娜（2021）认为，随着全球化的发展，高素质英语人才的培养成为重中之重。思辨能力作为英语人才培养的核心要素之一，是英语教学界关注的焦点。据此，冯丽娜从社会建构主义的语言工具观、语言习得观、思维发展观三个维度分析思辨英语教学的理论基础，佐证思辨英语教学不仅可以提高学习者的思辨能力，还可以促进学习者的英语水平。

赵冲（2020）从当下高校英语教学现状出发，讨论了新形势下建构主义学习理论对高校英语教学改革的影响。赵冲认为，建构主义学习理论在推动高校英语教学改革的同时，提升了高校英语课堂的教学效率。

王惠（2020）认为，建构主义的核心观点认为知识结构并非线性结构，而是围绕知识关键点构建起的网络结构。建构主义理念的提出，为高职英语课堂教学模式创新提供了契机，增强了高职英语课堂教学的有效性，进一步提升了高职英语人才培养效率。

吴艳（2020）指出，在经济全球化的大趋势下，大学生的人文素养和跨文化交际能力的培养势在必行。在大学英语教学中需要有效地融入英美文学，其路径选择至关重要。大学英语的教学内容和教学方式要恰当，教学内容要选用英美文学中的经典篇章，教师要积极引导学生利用已有的文学知识去理解新知识，以构建自己的知识体系，提升自己的跨文化交际能力，这与建构主义理论相吻合。因此，将建构主义理论导入英美文化知识的教学中，能够帮助学生更好地理解英美文化的内涵，提升学生的英语应用能力与综合素养。

喻晋珣等人（2020）认为，社会对英语人才的需求量不断增加，同时对英语人才的质量提出了更高的要求。这对于英语人才培养主阵地的高校而言，无疑是一大挑战。对于高职院校而言，要想在众多高校英语人才培养中占据一席之地，就必须敢于改革，应用建构主义理论并结合本校的英语教学实际情况开展英语教学改革工作，从而促进本校英语教学质量的进一步提升。

蒋丹（2019）在介绍了建构主义教学理论和支架式教学后，通过教学案例探索了以职场交际能力培养为目标的高职英语课堂教学模式，旨在提高高职英语的课堂教学效果。

宋起慧（2019）指出，建构主义认为，学生的学习活动必须与任务或问题相结合，通过探索问题来引导和维持学生的学习兴趣和学习动机，创造真实的教学环境，让学生带着任务学习。学习者是意义和理解的主动建构者，教师在教学过程中更为关注学生的内发性、主动性、积极发现性和自觉探索性。结合建构主义学习观和教学观，探索建构主义教学模式下的3TPE 教学策略在高职英语教学中的具体应用，在英语教学活动中巧妙地使用任务驱动教学法、形成性评价，以及小组合作等教学策略，从听、说、读、写、译五个方面激发学生自主学习英语的热情，提高学生的英语综合能力，促使学生学习隐含在问题背后的语言文化知识，训练学生的语言技能，培养学生探索问题的精神，并有效提高其解决问题的能力。

张美玲（2019）根据建构主义的要求指出，教师在整个教学活动中充当设计者、帮助者和促进者，因此课堂活动要充分体现学生的主体作用，调动他们的积极性和主动性，而且要有合理的评价和反馈系统。据此，张美玲从听、说、读、写四个方面给出了具体的活动设计，希望能帮助教师真正实现以教材为依托、以语言为内容、以学生为主体的教学模式，帮助学生全面提高语言运用能力。

（五）职业能力视野下英语教学研究

牛达（2021）对基于职业能力培养的高职英语教学模式改革从四个方面进行了探讨：高职教师要根据专业设定规划教学目标、高职教师要丰富自己的教学方式、高职教师要做好教学多元评估工作、高职院校应加强师资培训。

尹梅（2021）指出，高职学生面临的就业形势十分严峻，他们的竞争对手不仅包括高等学校的毕业生，还包括社会上海量的劳动者。要想在激烈的就业竞争中脱颖而出，高职学生必须具有较强的职业能力，这也是其立足于社会的根本。因此，尹梅探讨和研究了高职英语教学改革的必要性，并针对当前教学中存在的问题制定了相应的解决对策，旨在促进学生专业素质和职业素质的协同发展，从而为学生的就业、创业打下坚实的基础。

陈卫红（2020）认为，以提升职业素养为目标的高职英语教学应该关注学生个人能力的成长以及专业的个性化需求，为此，高职教师要有针对性地调整英语教学的方法与内容。因此，突出职业导向，把职业素养培养融入高职英语教学，是未来高职英语教学发展的重要方向，更是高职英语教学过程中必须关注的重点。

张怡宁（2019）认为，当前高职教学能够认识到英语课程的重要性，但是在实际教学中还存在一定的问题，仅仅重视理论知识而忽视实践能力的培养，不能发挥英语教学的作用。据此，在分析高职英语教学现状的基础上，张怡宁提出了基于职业能力的高职英语教学措施。

第三节　研究思路与内容

一、研究思路

本书在检索分析有关高职英语教学文献资料的基础上，对国内外关于高职英语教学的研究成果进行了论述和归纳，从生态学理论、多元智能理论、建构主义理论、职业能力理论等维度出发，重点分析了高职英语教学的现状和存在的问题，并根据研究成果提出了提高高职英语教学质量的策略，为高职英语教学改革的顺利完成提供参考。

二、研究内容

本书研究内容主要有以下几个方面。

第一章，导论。本章收集和整理了国内外相关的文献资料，详细阐述了不同学者的观点，明晰了国内外学者关于多维视野下英语教学的理论态度，并明确了本书的研究背景与意义、研究思路与内容，以及研究方法，为本书的撰写奠定了良好的理论基础。

第二章，生态学视野下英语教学研究。本章首先对生态学、教育生态学等相关概念进行了解析，并分析了高职英语教学生态系统与功能，然后重点研究了生态学视野下高职英语教学现状及存在的问题，根据上述研究结果提出了改进策略。

第三章，多元智能视野下英语教学研究。本章首先对多元智能理论相关概念进行了系统的论述，然后从教学环境、教学内容两个方面分析了多元智能理论与英语教学的整合；其次基于多元智能理论研究了高职英语教学的现状及存在的问题；最后提出了改进策略。

第四章，建构主义视野下英语教学研究。本章首先对建构主义教学理论相关概念进行了分析，然后论述了建构主义教学模式对于高职英语教学的必要性与可行性，从侧面反映了建构主义教学模式在高职英语教学中的作用和价值，紧接着探讨了建构主义视野下高职英语教学的现状和存在的问题，并据此提出了改进策略。

第五章，职业能力视野下英语教学研究。本章首先概述了英语教学职业能力体系，然后从职业能力这一视角出发，对英语教学模式进行了科学构建，接下来着重研究了职业能力视野下高职英语教学的现状及存在的问题，并根据研究结果提出了改进策略。

第四节　研究方法

文献资料法。本书在利用图书馆、电子文献检索系统收集和整理国内外学者关于多维视野下英语教学文献资料的基础之上，了解了生态学理论、多元智能理论、建构主义理论、职业能力理论等理论视野下高职英语教学的现状及存在的问题，并借鉴国内外相关研究成果确定了本书的研究切入点和基本框架，确保本书的撰写具有充分的理论依据。

逻辑法。逻辑法是指将事物的发展进程以逻辑的形式表现出来，从而制定理论体系的方法。一般而言，科学理论的形成是从基本概念和基本定律等抽象的规定性概念出发，进而推导出更具普遍性的、具体的概念和原理，并通过实际观测加以验证。在这个过程中，既需要抽象思维，又需要形象思维，既需要分析、综合、类比，也需要归纳和演绎。因此，本书力求表述的定向判断力、逻辑思维能力，有意识地掌握逻辑方法理论，尽力使本研究在分析与综合、归纳与演绎等逻辑框架中进行。

定性研究与定量研究相结合的方法。本书关注的是高职英语教学的变化、失调和优化问题，其中掺杂了教学主体——“人”的意识和行为，人的主观能动性在英语教学中往往是潜移默化、不易发觉的，因而是不能用数字或数据准确、完整地展现出来的。同时，高职英语教学作为一个生态系统是动态发展的。这就决定了研究者必须以发展的眼光和方法开展研究，而定性研究侧重描述性分析，采用非数据的方式挖掘深层次的原因，能对高职英语教学做细致长期的研究，适合本研究的特点，具有一定的合理性。

第二章　生态学视野下英语教学研究

第一节　生态学与教育生态学概述

一、生态学

“生态”一词指的是在一定的时间和空间内，所有生物集合体与其所处的自然环境与社会环境的相互关系表现为主体与主体之间因互动而产生的静态关系和动态关系的集合。“生态”并不是一成不变的，生物集合体中的任何一个要素的变化都会引起其他互动关系的变动。从这一层面来讲，生态具有可变动性和不稳定性，时间、空间、主体这三个因素对生态的形成和发展具有广泛的影响。“生态学”着重描述各种生物系统与其所在环境之间的相互关系，不只停留于实体层面，它蕴含着整体、结构、系统的内涵，以及由互动关系而形成的总体性结构，这种总体性结构对生态整体功能的发挥起着支撑作用，是生态学的主要框架。

1866 年，恩斯特·海克尔（Ernst Haeckel）提出了他对生态学的观点，他认为生态指的是生物的生存状态，以及它们之间、它们与环境之间的互动关系，这些复杂的关系构成了生态研究的层次与范围。生态学的核心思想倡导异质性群体之间相生互利，在时空范围内相互促进补充，但这些生物体之间的关系集合也遵循生态学的基本规律。恩斯特·海克尔认为，如果生态学仅仅局限于对生物本身的研究，那么生态学研究就失去了意义。生态学所涉及的内容不仅包括生物体本身，也包括生物体所生长的环境以及生物体与环境之间的互动关系，这对生物的成长起着决定性作用。由互动产生的微观形态和宏观变化是生态学研究不可忽视的内容。

美国生态学家奥德姆（Eugene P. Odum）在《生态学基础》中提出了更加宏观的认知，他认为生态学不仅要研究生物个体、生物群体之间的关系，也要研究生物体与人类之间的关系，以及研究人类系统与自然系统在结构、功能两个层面上的关系，这些共同构成了生态学研究的重点。早期学者对生态学的界定强调同质性群体、异质性群体等生物体和非生物体之间的互动，强调互动之间的共生互促关系。

20 世纪 80 年代，马世骏进一步将生态学研究从自然生态系统扩展到以人类为中心的人工生态系统，在国际上第一次提出了社会—经济—自然复合生态系统理论，明确指出“社会、经济、自然三个子系统既有各自的运行规律，也是相互作用的整体”，提出了衡量复合生态系统的准则，即“自然系统是否合理，经济系统是否有利，社会系统是否有效”。其对生态学定义的核心思想是：生物体是一种具有系统结构和功能的生命调节主体，而环境要素则是一个组成相互关系的集合体。

方萍等人对生态学的定义进行了新解，认为生态学不仅研究生物与生物之间的关系、生物与人之间的关系、生物与环境之间的关系，也研究生物与环境的现状和发展趋势。

综上所述，有关生态学的认知，中外学者见仁见智，但这些思想的内涵都无法脱离恩斯特·海克尔对生态学的定义。随着社会的发展和学科的进步，生态学逐渐与其他学科融合，形成了社会生态学、政治生态学、城市生态学，等等。20 世纪 70 年代，布朗芬布伦纳将生态学置于更广泛的认知体系之中，提出了生态系统理论，他认为人的发展离不开多层次、多结构的生态系统，不同生物体之间会形成不同的生物体系。由此可以看出，生态学的特征是整体性与协调性。这两个特征使生态学能够与其他学科不断融合。

二、生态学相关概念

传统的生态学主要以生物的群体、个体，以及群落为主要研究对象。研究对象的独立性是研究重点，生物体之间的互动关系不是研究重点。现代生态学所研究的不仅包括生物体本身，也包括生物体所处的系统环境，在这种系统环境中，各个要素之间的功能不同，因此各个要素之间处于不断生长、不断发展，同时又不断竞争的状态。即现代生态学着重研究生物体之间的互动关系。

1935 年，英国学者坦斯利（A. G. Tansley）基于前期的学术成果和后期的实践经验，提出了生态系统的概念。他认为，生态系统的核心在于生态结构内部与外部的发展形态。生态系统由多种要素构成，主要包括物质循环系统、信息传递系统以及能量流动系统。由此可见，生态系统的构成是复杂的。生态系统的首要功能是保持生态系统内部与外部的发展，使生态系统不断与周围的环境产生联系，维持系统平衡。

生态系统的形成与发展离不开生态平衡（Ecological Balance）。生态平衡是一个动态的概念，主要包括各个生物体之间保持关系平衡、交换平衡等层面。从关系平衡层面来看，生态平衡主要是指群体与其所依赖的自然环境和非自然环境之间保持关系和谐与稳定的状态；从交换平衡层面来看，生态平衡主要是指能量和物质的输入、输出之间接近平衡或稳定的状态。由此，生态平衡可以总结为三个层面：一是机构功能上的稳定与发展；二是系统内部各因素之间的平衡；三是物质能量的内部循环与外部流动之间的平衡。生态平衡在很大程度上受生态因子的影响。每一个生态因子作为一个单独的个体发挥其特殊作用，同时，不同生态因子之间相互作用形成新的影响因素作用于生态系统。

三、生态学基本理论的研究

第一，生态位理论。约瑟夫·格林纳尔（Joseph Grinnel）在 1917 年提出生态位（Niche）的概念，它普遍存在于生物活动与社会活动之中，涉及的领域非常广泛。在此基础上，约瑟夫·格林纳尔认为，生态位的主要内容是生物在群落生活中所处的位置，以及在这一位置上对群落所发挥的功能与作用。

奥德姆在 1959 年发展了生态位的内涵。他认为生态位决定了生物的生存环境和位置，也决定了生物的活动范围以及活动内容。他将生物的生态位比作职业。通过这样形象、具体的表述，我们可以知道生态位普遍存在于社会生活之中，所有生物都有自己的生态位。每一层生态位上对应着一种物种，如果每一种物种都能在其生态位发挥自己的功能和作用，那么生态系就能维持平衡。

第二，生态系统理论。这一理论基于社会实践经验，将生态系统的发展与个体以及全体元素相融合，其具体指个体与环境之间、个体与其他个体之间，以及群落与环境之间的关系。生态系统是生命体不可或缺的因素，决定着各生命现象的开放程度和有序程度。社会学与生物学的结合奠定了生态系统的社会实践基础。每个生态系统都由不同的子系统构成，子系统之间相互作用、相互促进形成更大的系统，生态系统的开放性、共享性构成了组织结构的首要特征。在此基础上，生态系统的开放性、结构性和组织性等特性，使生态系统的应用涉及生活领域的各个方面。生态学涉及的学科视野以及社会实践内容，广泛影响着社会生活。

第三，生态平衡理论。系统内部和系统外部的各个生物体之间能够处于平衡、稳定的状态，说明生态系统内部具有自我调节作用，也具有与外部环境互动的作用。系统的动态平衡使得失序的系统状态得到回归，保证动态的变化处于适当的位置，进而促进整个系统的健康发展，因此生态系统长期处于不断变化的动态过程，系统内部通过自我调节作用保持着稳定状态。对生态系统的评价应该基于动态的眼光，保持开放、全面的态度。从另一个角度来看，树立动态的系统观念才能理解环境与各个因素之间的互动、生物体与环境之间的平衡。

四、生态学与教育学的融合

由于生态学的理论和方法注重系统与系统之间，系统与存在空间、系统内部之间的关系，表现出强烈的包容性与开放性，因此生态学的理论和方法广泛应用于社会生活的各个领域。1976 年，克雷明（Lawrence A. Cremin）在其著作《公共教育》中提出“教育生态学”的概念，生态学的理论和方法由此开始融入教育学，而此时研究的重点尚且集中于学校教育与生态互动之间的关系。以此为基础，古德莱德（John I. Goodlad）认为学校在某种程度上是一个“文化生态系统”。他认为在这个系统中，教育和生态之间的联系更注重平衡、沟通、整体等。

我国学者对生态学与教育学之间关系的认识起步较晚，且仅限定在生态环境与教育主体之间的联系，并没有形成系统的理论。20 世纪 80 年代以后，教育生态学逐渐走向专题性研究，诸学者不断拓展生态学的分支，探讨教育生态学的层次与范围。1992 年，任凯和白燕合著的《教育生态学》将生态学应用于教育学之中，他们认为，生态学应该作为理论工具与视角，其核心关注点在于两者能否充分融合。

综上可知，教育学与生态学的融合和发展随着实践进步而不断深入，生态学在横向和纵向两个维度上均与教育学有着不同程度的融合。不同学者从不同的角度研究教育学与生态学的发展，为生态学拓宽了研究范围，也为教育学的发展引入了新的理论视角。这在一定程度上为教育生态学的理论发展与研究奠定了基础。教育生态学借鉴了生态学的基本理论知识，同时又拓展和延伸了生态学的基本原理和方法。教育生态学应用生态学的基础知识分析教育实践过程中所产生的一系列问题或现象，为教育发展提供了更广阔的思路。

五、教育生态学

教育学与生态学的发展与融合对教育生态学的概念界定有重要影响。教育生态学经过不同学者的研究和阐释，充分融合了教育学与生态学，形成了完备的理论体系，进而成为一个独立的理论系统。教育生态学注重教育及其存在环境之间的互动，而存在环境包括自然环境、社会环境，以及制度环境等相关的物质环境和非物质环境，它们共同构成了教育实践的环境因素。

在现代教育体系中，教育生态学建立在两个学科基础之上，它融合了两种学科的理论视角，并将相关理论付诸实践，从实践中得到教育生态学的核心内容和概念。教育生态学依据生态学的原理，特别是整体、平衡、协调的发展机制，充分研究了系统内部要素与外部环境、内部环境之间的互动关系，研究了教育实践中的教育现象和教育问题，并用生态学的思维对其进行分析，从而揭示教育发展的机制和运行原理，探索教育的优化方案。

教育生态学充分运用了生态学的发展思维，注重教育主体和教育客体之间的互动关系，清晰地展现了教育实践过程中各利益主体之间的互动关系和互动效果。教育生态学还将教育工具纳入教学实践，为教育生态学的理论研究拓展了分析维度。教育生态学的理论框架主要分析“个体—群落—生态系统”，其关注的重点是人和人之间的关联、人与教育环境的关联、人从出生到接受教育时期的发展规律。教育生态学的理论框架非常注重教学过程中教育的传播效果与传播实践所体现的互动行为。在传统的教育模式中，教师处于教育生态系统的中心位置，学生被动接收教师所传递的知识，知识的传播是由上而下的。但在教育生态学视野下，教育实践注重学生在教育过程中的主动作用，而教师则发挥着引导作用。在这个过程中，教师作为影响系统，引导学生吸收和理解知识，学生作为独立系统，对教师的教学过程产生反馈和影响，两者之间的互动构成了动态的知识流动形态。

虽然教育生态学已经作为一门独立的学科充分应用于教育实践，但关于教育生态学的定义并没有统一的意见。目前较受认可的定义来自吴鼎福和诸文蔚，他们认为教育生态学是教育学与生态学之间相互影响、相互促进而形成的融合学科。教育生态学以生态学的基础原理为准则，将生态系统、生态因子，以及进化机制充分应用于教学实践，通过生态学的理论工具来分析教育实践中的问题，进而为教育实践问题的解决提供更多的理论视角和理论依据。他认为，教育生态学研究的首要内容是挖掘教育与其周围环境之间的互动关系，分析各个环境因素与教育之间的特殊关系，进而发现教育实践的发展规律，为教育学的发展提供坚实的理论基础。范国睿则认为，教育生态学是以生态学为理论工具，研究教育现象的产生机制。在这个定义中，他认为生态学是一种工具，用来剖析教育学的本质，为教育学问题的研究提供了全新的理论基础和思考方向。不同的理论视角从各自的理论要旨出发，为教育生态学的内涵作出了不同的解释。虽然各个定义有所不同，但教育生态学的内涵是一致的。

六、教育生态学的基本原理

教育生态学是一门跨学科的科学，其融合了生态学的基本原理，将生态学的一些基本概念应用于教学实践中，分析教育实践过程中所产生的问题与现象，进而把握教育发展的基本规律，为教育方向和学科发展提供思路。教育生态学并不是单一的教育学，也并不是单一的生态学，它是两者的充分融合。生态学在研究层次上向微观和宏观两极拓展，而教育生态学是在这两极之上进行延伸。教育生态学的宏观视角是全球范围内的生物活动，以及国家范围内的教育系统，因此基于这两个视角的教育生态学着重研究教育结构与生态之间的广泛联系。教育生态学的微观视角注重教育实践过程中教学主体与客体之间的关系，如学生与环境之间的关系、教师与环境之间的关系。教学主体与客体之间相互影响、相互促进，共同构成了教育实践的主要内容。需要注意的是，环境不仅包括物质实体环境，也包括非物质实体环境，如文化环境、制度环境、政策环境等。

（一）限制因子定律

1965 年，赖特指出，生态因子的发展与其自身的状态有着深刻的联系，当生态因子处于匮乏状态，或者低于其所能承受的最低限度时，生态因子的功能就会受到限制。换一种说法就是，在生物的成长和发展过程中，生态因子如果受到限制或抑制，那么生物的生长和发展就会受到影响。在教育生态学中，相关理论认为，影响因子发挥作用的因素是多种多样的，比如社会因素和精神因素。“限制因子”这一概念的提出经过了各领域、各层次学者的实践认知与科研探索。在个体生态系统、群体生态系统中，生态因子处于低位运行，或者超过最低限度，就会产生限制因子的作用。限制因子所起的作用影响着广泛的生态系统，几乎所有的系统中都存在限制因子。同时，限制因子是动态发展的，在一定的情况下，限制因子也可以成为非限制因子，限制因子和非限制因子之间可以相互转化，因此在教育实践中要找出限制因子，也要找出生成限制因子的内在机制。对这种内在机制的探索有利于研究者充分挖掘各种因子之间的互动模式，通过对互动模式的认知来协调整体因子之间的关系。这就需要在教育实践中，充分分析教育实践这一微观系统，正确处理教育因素之间的关系，使生态系统内的限制因子减小其影响，使课堂教学的微观系统朝着健康的方向发展。

（二）花盆效应

不同的学科对“花盆效应”有不同的理解，生态学视角下的花盆效应更适用于现代社会。花盆效应的主要内涵是人为创造植物生长所需要的环境。在植物生长过程中，由于花盆对生长环境的限制，植物不能自由延伸成长，使得植物的生长更依赖人为因素。只要人为调节好温度和湿度，花盆内的植物就能够展现良好的生长态势。但是，当人为因素不存在的时候，花盆内的植物会因为无法承受花盆内微观系统的变化而停止生长，甚至枯萎。

花盆效应所蕴含的基本内涵也符合教育生态学的基本原理。花盆内的微观生态系统是一个半封闭的系统，失去了外部因素的控制或影响，花盆内部因素则无法充分发挥其功能。传统的高职英语课堂也是一个半封闭的系统。在这个系统中，学生只专注于英语学习这一件事情，对无关的事物不予关注，就像与自然环境逐渐隔绝又无法得到有效人为调节的温度和湿度的花盆里的植物，学生一方面与社会生活逐渐脱节，另一方面因接受的英语教学方法不当，无法形成独立的学习意识和学习能力，不能将学到的英语知识充分地用于社会实践。此时，在很大程度上，英语教学就失去了意义，学生也失去了学习的意义，因为语言的学习并不只存在于书面表达之中，还存在于社会交往过程之中。由于花盆效应的存在，高职英语教学无法向着更深的层次发展，因此在高职英语教学实践中要避免花盆效应。

（三）耐受性定律

耐受性定律，又称谢尔福德耐受性定律，是美国生态学家谢尔福德（Victor Ernest Shelford）于1913年提出的。其主要内容为：任何一个生态因子在数量上或质量上不足或过多，即当其接近或达到某种生物的耐受限度时，会使该种生物衰退或不能生存。耐受性定律可以用耐受曲线表示，如图2－1所示。

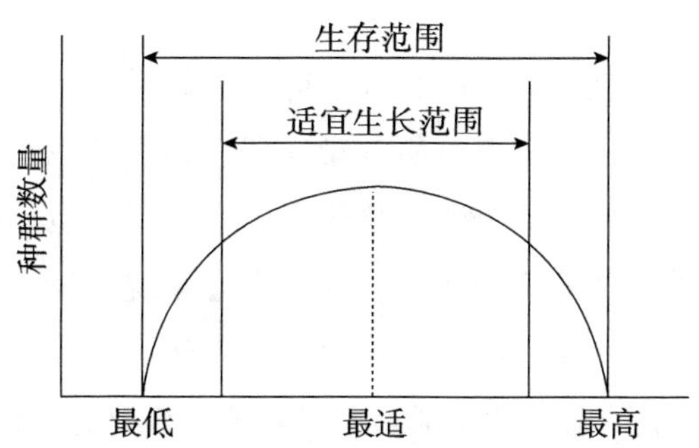

图2－1 生物对环境因子的耐受曲线

奥德姆在1973年对耐受性定律作了补充。

①同一生物对不同生态因子的耐受性范围不同，对某一生态因子的耐受性范围很广，而对另一因子的耐受性范围可能很窄。

②不同生物对同一生态因子的耐受性范围不同。

③同一生物在不同的生长发育阶段对同一生态因子的耐受性范围不同，

通常在生殖、生长期的生物对生态条件的要求最严格。

④由于生态因子的相互作用，当某一生态因子不是处在适宜范围时，则生物对其他生态因子的耐受性范围会缩小。

⑤同一生物种内的不同品种，长期生活在不同的生态环境条件下，对同一生态因子的耐受性范围会有差异。

也就是说，生物对生态因子的耐受性并不是固定不变的，通过自然驯化或人为驯化可改变生物的耐受性范围，使得适宜生物生存范围的上下限发生变动，形成新的最适度环境。

最适度环境一般包括生理最适度环境和生态最适度环境。生理最适度环境是指不存在生物竞争的理想状态下，特定物种会在非生物环境的陡度上，选择最适于生长的生理最适场所。生态最适度环境则是特定物种在非生物环境和种间竞争的背景下，在自然环境中得到最广分布的地方即该物种的生态最适场所。

在实际分析中，应当综合分析所有已知条件，对生物的耐受性和最适度环境进行分析。

（四）整体效应原则

教育生态系统将系统论的原则和方法应用于教学实践，将教育实践中的各个因素纳入分析研究，从整体上分析教学实践。在教育系统中，各个因素之间相互影响、相互促进，形成了个体与整体之间的关系，也构成了一种复杂的教育生态系统结构。受花盆效应的影响，教育生态系统不能充分发挥其效用，同时，教育生态系统内部因素之间的影响会导致整体无法发挥效用。因此，教育生态系统要实现其功能，则要充分调动各个因素，使之相互配合、相互促进。

（五）教育生态位原理

在教育生态系统中，每一个生态因子都处于不同的生态位，有固定的时间和空间位置，而且每一个生态个体或生态群体所处的时间或空间的位置都是不同的。同时，教育生态系统各个子系统内部，不同的生态群体之间存在竞争关系，不同的生态个体之间的竞争甚至会更加激烈。教育生态位原理采用了分化的概念。分化机制存在于不同生态位的群体之间，形成了竞争的氛围，这种氛围也扩展到各个层面，达到了竞争的协同进化效果。统一生态位下的生态个体竞争具有积极的意义，它能够促进社会个体之间不断进取，在生态系统中取得优势地位。

综上所述，教育生态学不同于教育学或生态学，它融合了教育学的知识，也运用了生态学的基本原则，它将这两个学科的知识与实践融合在一起，使之形成了一门全新的学科。掌握教育生态学的基本规律和原则，以比较系统、全面的视角来看待教育实践中的问题，才能使用全局观、整体观、平衡观来处理这些问题。所谓全局观是指群体之间相互作用、相互促进，形成机能向上的统一体；整体观是指从不同的层次来把握事物本身，从整体上对事物进行分析，使事物的各个层面和各种联系融合在一起；平衡观是指在教育实践过程中，教学实践的投入和产出需要处于平衡状态，任何一种关系脱离了平衡状态，都难以实现效益最大化。因此，教育生态学充分考虑了教育主体和教育客体之间的关系，从整体上考虑教学实践，促进教学实践在一定时间和范围内获得最大的效益。教育生态学讲究在和谐平等的环境中遵循生态系统的限制因子定律、耐受性定律和整体效应原则等，同时注重发挥教育环境的反向促进作用，以发挥教育生态系统的优势。

第二节　高职英语教学生态系统与功能分析

高职英语具有固定的层次和结构，在这个结构中，各个教学因素之间不断交流，进行着物质循环、能量交流和信息传递，并由外界维持这种沟通的状态，进而维持内部平衡和外部稳定。从这一层面说，高职英语教学工作要想顺利进行，不仅需要内部各因素之间相互配合，也需要外部因素与内部因素互动协调，从而实现内外结构的稳定。

一、高职英语教学生态系统

从宏观层面来讲，高职英语教学生态系统的构成主要涵盖两个方面，一是生态主体，二是生态环境。生态主体与生态环境包含不同的组成部分，教师和学生都是生态主体的重要元素。

在高职英语教学生态系统中，生态主体之间的互动关系构成了微观生态系统。学生和教师都是独立的个体，他们基于不同的角色而发挥着不同的作用。从生态学的视角来看，个体的学生和教师构成了生态系统中的“种群”，并表现出明显的差异性和多样性。在自然界生物中，任何一个个体都不是独立存在的，而是与其他个体相互依赖、相互适应，共同构成一个相互制约、相互促进的系统。在高职英语教学的微观生态系统中，教师和学生这两个群体分别构成了教师种群和学生种群。

学生种群和教师种群因为高职英语的教学目标而组成群落。从生态学的角度来理解群落，它是指在同一个空间存在不同种群或个体。群落中的不同种群或个体之间，既相互合作，又相互竞争，共同促进群落的发展。在包含学生种群和教师种群的群落中，教师种群和学生种群发挥着各自的功能。英语学习的目的不仅是获得知识，也是提高语言交际能力。为了达到这两个目标，教师发挥着引导和教学的功能，负责唤起学生对英语学习的兴趣，激发学生学习的动力，同时教师要关注学生的消极情绪，并及时疏解这种情绪。在这个过程中，学生积极主动地学习英语，为学习英语投入更多的时间和精力，充分发挥个人的主观能动性。学生的行为也能促进教师提高自己的教学热情、改进教学方案、优化教学内容。学生与教师之间相互帮助，在共同体验和相互启发中实现共同进步。对于高职英语教学来说，学生和教师之间共同配合、共同促进才能有效实现高职英语教学的目标。

高职英语教学生态系统还包括一个非常重要的因素——生态环境。生态环境的存在为高职英语教学生态系统的发展提供了良好的基础保障和物质载体。这里的生态环境不仅指物理的教学环境，也包括教师的精神状态和学生的情绪等内在的精神品质。同时，不可忽视的是，学生和教师作为社会系统中的个体，受到社会、文化、制度、法律等相关层面的影响，因此高职英语的教学环境也包括社会环境以及制度环境等。

随着时代的发展，高职英语教学过程中出现了一个非常重要的环境因素——信息技术。网络的发展、信息技术的存在，为高职英语教学提供了便利条件，一定程度上改变了高职英语的教学模式。例如，多媒体信息技术中心、自主学习中心、网络平台、校园网等基础设施，丰富了高职英语学习的环境。学生可以利用网络获得更多的信息内容和有关英语学习的方法，还可以利用网络平台练习读、说、译等能力。

另外，高职英语教学模式的推行和高职英语教学活动的开展，在很大程度上离不开信息技术的支持。信息技术为教师的教学进程和教学活动提供了更多的可能性。教师在日常教学过程中，可以利用网络技术来增强教学内容的互动性，使教学过程充满趣味；可以通过自主学习平台布置学习任务，除常规的读写式学习任务外，短剧表演或模拟职场等任务也可以通过信息技术的辅助得以实现。在这种新型学习环境中，学生可以充分发挥自己的学习主动性和挑战性，培养自主学习意识，挖掘自身的学习潜力和创造力。

但我们也应该认识到，信息技术不应该成为教学过程的主导因素。教学的主体是教师和学生，“教学的过程”应该是教师通过自己的教学安排和教学理念，辅助以信息技术，更好地完成教学目标、更有效地传达教学内容的过程。

信息技术的发展对学生和教师都提出了更高的要求。教师在教学过程中，应该积极主动地拥抱信息技术，多使用和了解多媒体教学工具，丰富教学方式，多利用信息网络寻找各种教学资源，丰富教学内容，使自己的教学活动具备信息化和科学化的特点。利用信息技术不断优化并提高自己的教学技能，教师才能够适应时代发展，为学生做好榜样。信息技术的发展与普及，要求学生有较强的自主学习能力。网络上有大量学习资源，但如何获取这些资源、如何分辨资源的有效性、如何利用这些资源等，需要学生自己研究、学习。学生要开发和利用这些资源，也要根据自己的实际情况，调整学习计划和学习的内容，有计划、有目的地学习。在学习过程中，不能完全依赖信息技术，信息技术只是一种工具，并不是学习的重心。

就高职英语教学来讲，信息技术已经成为一个不可忽略的环境因素，学生和老师都应该正确认识信息技术，充分发挥信息技术的作用，避免让工具成为教学的重心。

二、高职英语教学的生态功能分析

从生态学的角度来看，任何一个系统都不是孤立存在的，它必须与外界的物质、能量和信息进行交换。同时，系统内部之间也要不断互动，才能维持系统的稳定和谐。也就是说，不管是系统内部，还是系统外部，都处于不停的运动之中。只有在此基础上，生态系统才能维持正常的运转。高职英语教学作为一个生态系统，其内部的种群之间相互促进、相互竞争，不断进行着物质循环、能量流动，以及信息传递，这主要表现在学生和教师之间、各个环境因子之间。这样才能保持高职英语教学生态系统内部的稳定和发展，为系统的向上流动夯实基础。同时，高职英语教学生态系统外部对内部的促进作用，如通过为教师提供更多的教育理念和教育模式，加强了高职英语教学生态系统的活力。维护高职英语教学生态系统的内部稳定和外部平衡，有利于实现高职英语教学生态系统的平稳发展，进而实现高职英语的教学目标。高职英语的教学功能和教学作用，也体现在物质循环、能量流动和信息传递的过程中。

（一）物质循环

从生物学的角度来看，物质循环是生物存在和发展的基础。自然界的物质循环指植物吸收自然环境中的有利成分，并将这些有利成分转换成其自身生存和发展所需要的物质。植物的有机体被动物吸收后合成动物所需要的成分，动物死后变成无机物回归到空气、土壤、水等之中。这就构成了一个简单的物质循环过程。

高职英语教学生态系统中的物质循环更复杂。教材、资料、教学设备、信息资源、计算机网络等内容构成了高职英语教学生态系统中物质循环的物质载体和物质保障，这些物质载体和物质保障作为英语学习的载体，被教师应用于教学活动中。学生通过教学过程理解和认知英语，通过自己的理解能力和整合能力将高职英语的内容不断分解内化，完成信息知识的开发与建构，从而获得新知识。学生的学习过程、状态等情况又会反映到教材、资料等之中，促进这些物质载体和物质保障的更新。

从这一物质循环过程可以看到，高职英语教学生态系统中的物质循环表现为从“生态资源”层面到“教师”层面，再到“学生”层面，最后又回到“生态资源”层面。但是“生态资源”层面的物质经过“教师”层面和“学生”层面的解读与认知，已经发生了变化，形成了新的物质。

学生的英语学习过程，是利用自己的主观能动性认知和理解英语，将英语知识内化为自己的知识系统的过程。这个过程会改变知识原本的存在形式，使知识以个体的知识系统的组成部分存在，实现物质从“学生”层面到“生态资源”层面的流动。教师根据教材、可搜索的资源、自身实践和经验等设计教学内容和教学方式，这个过程实现了物质从“生态资源”层面到“教师”层面的流动。在知识的开发与建构过程中，师生处于平等的位置，学生积极学习，向教师反馈学习情况，甚至在一定程度上也影响了教师的教学进程，让教师反思自己的教学过程和教学方式，有针对性地提高教学能力。从这一方面来讲，高职英语教学进程实现了物质从“学生”层面到“教师”层面的流动。

从以上的物质循环过程可以看到，高职英语教学生态系统离不开物质循环，这个过程实现了教学过程中生态主体之间的物质交换，有利于提高各个主体的主动性和能动性，提高各个主体多方面的能力，进而提升整个高职英语教学生态系统的效率和活力。

物质循环是一个动态发展的过程，它的存在保证了高职英语教学生态系统能够不断吸收外部的教学理念和教学模式，教师可以从这些理念和模式之中，不断整合信息资源，从而提高英语教学能力；学生可以在这个过程中通过接收教师的信息资源，提高自身的信息开发和信息建构能力；教师通过学生的反馈可以对生态资源进行整合和调整，以优化生态资源。教师、学生和生态资源之间不断的互动和交流，促进了高职英语教学生态系统的高效运行，进而有利于提高高职英语教学的效果。

（二）能量流动

生态系统中的能量流动是指生物体通过自身的内在结构与外部环境之间进行的交流，这符合能量守恒的原则。在高职英语教学生态系统中，能量不仅指学校部门为教学活动所提供的物质载体和技术载体，也包括制度条款等非物质实体，以及师资力量等因素。学校所提供的能量在一定的时间和空间范围内是固定的，学校可以通过实际情况对其进行调配，以实现资源的合理配置。学校提供能量的目的是，在高职英语教学过程中，根据文化制度或生态主体的心理因素形成有利于生态主体的精神状态以及教学氛围，由此激发生态主体的学习主动性。这也是高职英语教学生态系统能量流动的目标。因此，生态主体之间的精神或心理氛围以及情绪都体现了高职英语教学过程中的能量流动。这种能量流动体现在种群内部与种群外部两个方面。

种群内部的能量流动通常有学生层面和教师层面两种表现。种群内部的能量流动表现在学生层面是学生为了完成既定的学习任务，通过与其他学生合作，或者与其他学生沟通，运用他人的力量来提高英语水平。在这个过程中，任何生态主体的精神或心理氛围、情绪都会影响最终的成果，这体现了种群内部的能量流动对英语教学效果的影响。如果某些学生表现出对英语学习的极大兴趣，那么这种积极的情绪也会影响和感染周围的学生，从而在一定范围内形成学习英语的良好氛围，这也有利于种群内部的良性竞争与合作。反之，如果学生受到不良情绪的影响，或者对英语学习不感兴趣，那么这种精神状态或消极的情绪会传递给周围的学生，进而影响其他学生学习英语的整体效果。

从教师层面来说，教师种群的能量流动主要体现在教师的教学态度、教学情绪、教学能力等。如果在英语教学过程中，教师教学态度严谨、教学品质良好、教学能力优秀，那么这样的个体就有利于推动整体的团队建设，增强不同教师之间的能量流动，进而增加英语教学的效果。反之，如果教师以消极的态度面对教学活动，那么教师本身的教学能力得不到提升，教师之间的能量无法流动，教学团队的整体建设推进缓慢。

种群外部的能量流动主要表现为不同种群之间相互作用、相互促进，在高职英语教学进程中，则表现为师生之间相互作用、相互促进。教师如果能在教育实践中投入热情和关怀，让学生体会到教师的情感流动，这种能量会促进学生学习英语的积极性，激发学生的自省能力和荣誉感，为学生积极认真地学习英语夯实基础。同时，学生以积极的态度面对英语学习，不断提高自己的学习主动性，发掘自己的学习潜力，教师也会不断调整自己的情绪。这样，双方之间的情感流动容易达到最佳状态。

种群内部的能量流动和种群外部的能量流动能够促进个体以及种群的发展，这对高职英语教学生态系统的平衡和稳定起着非常重要的作用。

（三）信息传递

高职英语教学生态系统由多种循环与流动组成，主要包括物质循环、能量流动，以及信息传递。信息传递对于英语教学来说具有非常重要的引导作用。在高职英语教学生态系统中，各个生态因子活动的前提是存在信息流。信息传递将生态因子连接起来，形成一个有机的整体，也维持着高职英语教学活动的正常进行。

在实践中，高职英语教学的过程就是一个信息传递的过程。在这个过程中，各种信息通过生态因子不断传递和扩散。这些信息内容涵盖教学管理信息、课程信息、语言信息、情绪信息等。这些信息在不同时间和空间的相互传递和流动，使不同的生态主体之间得以互动。

从学生种群层面来讲，信息传递主要体现为学生与学生之间的互动与交流，学生通过讨论和对话表达自己的感情和想法，实现信息传递。双方之间的互动和交流建构着双方对英语教学的认知和理解。从教师种群层面来讲，信息传递主要体现为教师通过整合各种资源将英语教学的知识和信息传递给学生。在这个过程中，教师使用互联网技术，利用各种语言信息和非语言信息向学生传递知识内容。

在高职英语教学的过程中，教师与学生是主动且自主地传递信息的。学生会根据教师的资源信息表达自己对英语教学活动的看法或评价。教师则根据学生的评价和反馈不断更新信息资源，以获得教学效果的提升。学生对信息的接收和反馈，不仅存在于种群内部的互动和交流中，也存在于学生和高职英语教学生态系统外部的互动和交流中。高职英语教学生态系统外部对学生产生非语言的刺激，使学生获得对外部的认知和理解。教师与高职英语教学生态系统外部的互动，主要体现为教师利用制度信息、文化信息等内容，让学生感受到外部的信息。

高职英语教学生态系统内的信息传递并不是单向的，而是双向的。这种信息传递包括两个层面：一是信息的接收；二是信息的反馈。缺少任何一个层面，都不能构成完整的信息传递闭环。这种信息传递方式为高职英语教学生态系统的建设提供了良好的沟通渠道，保证了信息流的畅通，从而能够促进高职英语教学生态系统的健康发展。

（四）高职英语生态系统中的平衡关系

生态学视野下英语教学的主要目的是促进学生的英语学习。在教学活动中，要注重师生之间的平等关系，让师生双方能够在和谐的环境中进行教学活动。平等的师生关系在高职英语教学生态系统中起着非常重要的作用，教师和学生通过平等的教学互动，可以促进高职英语的教学功能和教学作用的发挥，维持高职英语教学生态系统的平衡。这就要求教师在日常教学活动中，转变传统的教学思维，充分考虑学生的需求和兴趣，采用学生容易接受的方式进行英语教学。同时，学生也应该积极发挥主观能动性，建构和开发英语知识信息，给予教师更多的反馈。

英语教学属于动态型的语言活动。高职英语教学的生态环境正是在师生双方之间的互动中产生的，同时生态环境也能够对英语教学过程产生影响。平等和谐的师生关系能够促进学生在英语教学进程中不断发挥自己的主观能动性，激发创新潜能，进而不断获得新知识，开发和建构自己的学习系统。

第三节　生态学视野下高职英语教学现状及问题

通过用生态学的思维分析高职英语教学目前的状态与发展程度可知，高职英语教学在课程生态、技术生态、关系与生态环境等方面均有不同程度的变化和发展。但信息技术的发展对这些层面提出了更高的要求，对此就需要运用教育生态学原理的基本内涵，通过理论工具深入剖析高职英语教学的困境以及优化的途径。

一、生态主体之间的“关系”生态位失衡

在生态学的视角下，高职英语教学进程中教师和学生的生态位是不同的。师生之间的沟通通过物质循环和能量流动得以实现。在这个过程中，双方将信息传递给彼此才能实现生态系统的稳定与和谐，进而完成高职英语教学的基本目标。在传统的教育模式中，教师处于主动地位，拥有更多的主动权，而学生则处于被动地位，只能被动接收教师提供的知识和信息。从生态学层面讲，生物的个体发展受到多种因素的影响，同时它对周围环境的耐受性是有限度的。生态系统中的某个生态因子处于不适当的位置时，会影响生物对其他生态因子的耐受性。

作为高职英语教学生态系统中的生态主体，学生处于成长状态，是发展中的因子，需要在教学过程中不断进行培养和引导。但是在实际教学过程中，学生在师生关系中处于被动地位，很大程度上需要服从或听从教师的指导和教育，较难通过自己的主动性去获得知识。在现代的教学环境中，教师和学

生之间的关系可以用市场经济的思维来衡量。这是一种功利化的关系。教师只通过考试成绩的高低来评价学生，这种评价方式会限制学生的主观能动性。同时，学生的成长环境也受到了限制，这种限制表现为学生所接受的教育因强调考试成绩而限制了学生需要学习的内容，即不学或少学与考试无关的内容，进而造成了生态学上所说的“花盆效应”，即在一定的时间内学生能够听从指示，机械地学习英语，但从长期来看，他们对生态系统的适应性一直在下降，生态幅逐渐变窄，生态价下降。出现此种现象的原因之一是师生关系处理不当，例如将教师和学生割裂开来，采用了以管代教等教学方式，这很容易导致学生心态失衡，甚至让学生产生厌学、逃学等极端的情绪和行为。以上师生关系并不符合现代生态型师生关系，这就是我国高职英语教学师生“关系”生态位失衡的重要表现。

在教育生态学层面，教师和学生的关系应该呈现多元化的特征。教师的角色定位应该动态化，要随着环境的变化以及责任变化而有所差别。在教学过程中，学生和教师承担着不同的责任，这种责任的差异使学生与教师的行为呈现出不同的特点。在课堂上，教师是教学内容的讲解者，在课后，教师是教学内容的辅导者，教师需要根据场景调整状态，以应对学生的需求。教育生态学理论下的学生既是教学活动的中心，也是教学课程的参与者与合作者；在课后，学生是教师教学内容的反馈者和评估者。由此可见，教育生态学视角下的教师和学生的角色是动态多元的，教师和学生之间的关系也是动态多元的。教师如果不能及时更新、发展教育观念，就无法在各种场景中随意切换身份，难以完成各种身份所应完成的任务，无法有效改进教学技能。对学生而言，多种角色的存在有利于学生充分调动自主学习能力和创新意识，完成学习目标。

总体来说，以上内容的实现需要生态系统的有力配合与支撑，但目前我国的高职教育处于探索阶段，教师和学生的关系依然属于传统模式下的师生关系，无论是教师的多元角色还是学生的多元期待，都尚未实现。学生对教师的认知不够全面，教师对学生的评价单一，导致师生“关系”生态位失衡，师生之间无法形成和谐的关系。

二、生态主体之间的“教学”生态位失衡

教育生态学视角下，生态系统具有开放性、共享性和动态性。而传统模

式下，高职英语教学的课堂是封闭的、被动的。这种模式把课堂空间局限于教师的观念之中，局限于课本之中，使高职英语教学的整个过程处于封闭的状态。传统的高职英语教学课堂管理模式使英语学习过程呈现单向的状态，这种状态让学生处于被动地位。教师在上课之前准备好整节课的讲解流程、内容，以及活跃课堂的小游戏等；上课时按照“剧本”进行教学，学生被动地接收信息和内容，这就失去了教学过程的动态化特点。在这个过程中，教师不再是具有主动性的个体，而是按照“剧本”进行表演的表演者。这样，教师就成了课堂的主导者，为学生解答疑难、进行考试预测或设计练习题、策划模拟考试等的目标都指向“高分成绩”，“教”与“学”的成分被稀释。学生根据教师的指导或重点内容进行记忆和背诵，在这个过程中不用主动思考，也不用创新，只需要背诵答案就能够完成学习任务。在这样的教学关系中，教师不再承担知识引导者的责任，学生也不再具有反馈的能力。传统的教育理念之下，教师的“教”和学生的“学”表现得比较机械。这样的教育理念忽视了教师的主动性，也抹杀了学生的创造性。

毋庸置疑，好的英语课堂应该具有一定的计划性和可预测性，但这种计划性不能成为阻挡教师发挥其主动性以调整课堂内容的理由，也不能成为阻碍学生发挥其创造力的理由。否则就像上述情况一样，高职英语教学课堂枯燥、被动，缺乏生机和活力，教学效率低下。传统的高职英语教学为了获得教学课堂的秩序感，忽视了学生的主体性。学生的学习过程更多地表现为模仿、记忆，以及机械操作。在这个过程中，教师不强调学生的创新思想或主动学习意识，因此形成了“教师是课堂主体，学生被动接收教师传递的知识”的局面。

在教育生态学视野下，高职英语教学可以采用多种教学方法。教师和学生之间要相互配合，才能实现课堂目标，才能促进物质循环、能量流动、信息传递。如果生态因子超出了其所能承受的范围，生态因子之间的能量、信息和物质无法交流和互动，那么这些因子则会变成限制因子，因此教师在高职英语教学过程中要注重教学环境的建设以及教学方法的探索，这对教育生态学视野下的英语教学非常重要。传统的教学方法提倡知识输入，但这种知识输入让学生失去了思考的能力和练习的机会，无法让学生体会到英语学习的乐趣，也压抑了学生探索英语学习的主动性，最终影响学生的学习结果。教育生态学视野下的英语教学过程是一个互动的过程。在这个过程中，学生需要发挥自己的主动性去探索、去创新，需要根据自己的能力主动开发和建构自己的知识体系；教师也需要发挥主观能动性整合资源信息，改进教学策略和方法，将英语知识充分地传授给学生，引导学生去思考、去分析，使学生对英语学习产生兴趣，在教师和学生共同的努力下，完成教学任务和目标。高职英语教学生态系统的建构离不开各个生态因子之间的配合，任何一个生态因子发生变化都可能导致系统功能失常。

三、生态主体之间的“评价”生态位失衡

教育生态评价是教育生态系统的一个重要组成部分，也是一个必要的反馈环节，它能够评估教学成果及教学目标。在单向的反馈系统中，教师处于反馈环节的主动地位，学生则处于被动地位。传统的评价方式单一，强调外部知识的接受程度以及吸收程度，忽略了学生主动学习的意识。同时，教学评价的指导思想有时比较程序化，只用总结性评价代替整体性评价，但这并不能全面衡量学生多方面的学习效果和所获得的能力。从生态系统的观点出发，这种教学评价无法正确衡量与评价主体和客体之间的关系。评价方式的不平衡使生态系统不稳定，从而影响了生态因子之间的关系。这样的生态评价或教学评价，并不能完全反映教学过程的真实情况，它对学生的影响以及对教师的限制，妨碍了教学良性循环机制的建立。

从评价主体来看，现在的评价模式并没有达到评价的目的，更没有达到促进学生学习和激发学生创新能力的目的，因为这种模式只有评价的结果，没有评价的过程，只是肯定学生成绩，没有对学生的其他方面做出评价。这种评价不具有全面性，它只是反映了学生某一方面的能力。具体来说，高职英语教学生态系统有多种评价主体，只评价其中一个主体的一个方面必然是片面的，再加上评价过程的缺失，这样的评价只能是无意义的评价。例如对教师的评价，作为教学过程的主导者，教师应一方面接受学校管理机构的评价，另一方面接受学生的评价。在评价过程中，学校管理机构评价的内容应该包括教师在日常教学过程中的动态变化以及动态发展；而学生评价应该包括对课堂呈现的评价。但实际情况往往是教师得到的评价结果只是回顾往期印象后的一个大致情况，不够具体、不够全面、对教学情况缺乏借鉴和参考的价值。单一的评价指标并不能反映动态教学的发展过程，这对于评价主体

来讲是失衡的。

从评价内容来看，在高职英语教学过程中，对学生和教师的评价主要以考试成绩为依据，而考试内容大多情况只限于英语基本知识，对学生是否能够在多种场景下轻松地运用英语沟通交流，是否具备创新精神，以及综合素质是否有所提升考查得较少。这种评价忽视了学生的综合能力。这种教育方式产生的后果就是，学生为了分数而学，难以领悟英语学习的实质，也难以发现英语学习的乐趣。英语作为一种语言，它需要学生在日常生活中不断使用，分数无法完全衡量学生是否会说、会用英语。这种评价模式会造成生态失衡，不利于学生学习英语、掌握英语，更不利于激发学生的创新精神和探索精神。

从评价的功能来看，单一的评价内容将教师的关注点集中在学生的英语考试成绩上，影响了教师对课堂的把控。从评价的方式来看，只注重最终的考试成绩，忽视学生的学习过程，导致学校只看重排名而不看重学生在每一阶段所获得的进步。从教育生态学的观点来看，课堂评价的关键在于反映各个生态因子之间的协调关系，促进整个系统的和谐发展。因此，上述的评价方式是静态的，不利于实现高职英语教学的目标。

四、语言学习凸显花盆效应

在生态学看来，花盆效应中，花盆所带来的局部限制环境对生态因子的成长和发展起着限制作用。由于生存环境的限制，花盆里的植物的生长受到制约，不能自由生长，同时植物的生长还需要人为创造出适宜的环境，因此植物一旦离开了花盆便不能自主成长。

在当前的高职英语教学生态系统中，课堂教学的目标在于提高学生的考试成绩，没有凸显学生语言能力的提升，因此教师的教学内容局限于教材，没有对教材内容进行有效的拓展或延伸。学生对于英语的理解局限于书本范围内，没有对英语形成全面的认知，于是就形成了一种在考试中能够获得高分，在实际中却无法用英语正常交流的现象。封闭的英语教学环境容易使学生对局部生态环境产生依赖，使学生的自我更新、自我发展能力退化。

鉴于此，教学生态环境中的生态因子需要不断和外界环境、外界系统发生物质、能量、信息的交换，以维持生态因子的平衡发展，使英语教学系统维持稳定。花盆效应的存在使学生的学习无法获得拓展和延伸，使学生的英语学习脱离现实环境，很难得到有效提升。这就要求教师在教学实践中，让学生积极参与到现实生活中，让学生在现实生活中发现英语学习的乐趣，增加学生对英语学习的了解与感知，弥补教学内容的不足与缺陷。

英语学科的独特性决定了它与数学、语文等学科的不同。英语作为一种交流工具，需要实际使用后才能感受到它的魅力，因此英语学习必须有相应的语境才能更有效率。

首先，良好的语言文化环境对英语学习者来说非常重要。在传统的高职英语教学过程中，教室的布置以及教学内容的设置，与其他课程没有区别，这种无差别的教学理念并不能使学生充分认识英语学习的独特性，无法区别英语和其他学科的不同。单调的课程设置使学生不能置身于英语情境之中，不利于培养学生的创造性以及英语语感。

其次，英语学习环境设置的目的是让学生和教师有使用英语进行交流的机会。但在日常教学中，部分英文教师因其自身能力不足无法全英文教学，或者担心全英文教学会导致学生无法理解教学内容而不能全英文教学，绝大部分教师还是以母语教学，诸如此类的情况只会加剧学生英语学习的“花盆效应”，因为在这样的环境中，学生虽然能够在考试中取得好成绩，但也受到了限制，难以对英语学习形成正确的认知。在这样的教学过程中，教师不自觉地为学生营造了一个“花盆环境”，学生学习课本内容十分顺利，一旦脱离这个环境，学生无法使用英语。

第四节　生态学视野下高职英语教学的策略

高职英语教学生态系统的建设比较复杂，涉及多种主体和多项元素。主体和元素之间要形成平衡的关系，也要处于稳定的状态，这是教师和学生开展教学活动的基础。生态学视野下的高职英语教学生态系统要求各生态因子相互配合、相互促进，以保持整个生态系统的平衡。

一、转变教师教学观念，实现多媒体教学的动态平衡

互联网的发展让多媒体成了高职英语教学生态系统建设过程中的重要工具，并以载体的形式参与到教学过程中。各个生态因子只有通过物质循环、

能量流动和信息传递，才能够更好地发挥功能，进而构成一个有机系统。多媒体在高职英语教学生态系统中承担着媒介的作用，使各方相互促进、相互辅助。在这个过程中，教师要充分发挥其在生态系统中的优势，利用现代化的媒介技术和信息工具整合信息资源并将整合后的资源传递给学生，确保教学活动的顺利开展。

（一）多媒体教学要与英语学习协调一致

高职英语教学生态系统的建设十分注重师生之间的和谐共生。多媒体作为重要的工具和媒介，有利于教师提高传播知识和整合资源的效率。但教师应该正确看待多媒体。在高职英语教学过程中，教师不能一味夸大多媒体的实际功能和作用，不能完全依赖多媒体，而应该在实事求是的基础上，发挥自身的主体作用，合理使用多媒体，让多媒体与现实的教学进程形成互动。例如，可以使用多媒体软件，以启发式的教育为框架，根据学生的学习兴趣设计课程，鼓励学生从不同的角度认识英语学习；或者可以使用影音等媒体形式，激发学生的好奇心，培养学生的英语思维，把语言学习与实践相结合，提高教学生态系统的整体效益。

（二）增强英语课堂生态环境发展的活力

实践研究证明，高职英语教学课堂效率主要表现在单位时间内学生掌握信息量的多少。同时，在实践调查中发现，一些教师在英语教学过程中只关注是否完成了课程目标，在课堂上主要讲解知识而很少与学生进行互动。将知识的讲解放在首位，不注重学生的参与度和信息反馈，在这种教学模式下，教师可能花费了很大精力整合信息、讲解内容，但学生的接受度不高，学生在单位时间内实际收获的知识信息量比较有限。在这种情况下，教师应该充分利用网络资源，根据学生的反馈，把一些教学内容和方法告诉学生，让学生对整体教学内容有基本的了解，然后自行探索学习。

高职英语教学生态系统应该是开放、共享的。系统内部的生态主体需要不断与外部进行物质、能量和信息的交换，即教师要充分利用外部资源，增强学生的学习兴趣，为学生提供一个有效的学习平台，为生态环境建设提供有益的支撑。目前在高职英语教学过程中，有些学校已经将互联网技术应用于教学，学生也可以通过互联网来安排自己的学习。这个过程有助于学生强化自我意识，有助于学生认识自己在学习进程中所起到的作用，明确自己在学习过程中扮演的角色，这对学生来讲具有十分重要的意义。

二、营造协调共生的班级生态空间

教育生态学视野下的生态环境建设要求人与环境和谐相处，这就要求学校充分考虑学生的个体差异，制定合理的课程规划，引导学生形成良好的学习习惯。

在高职英语教学生态系统的生态环境建设过程中，要找出限制因子，将限制因子转换成生态因子，促使各个因子之间相互合作，共同实现生态环境建设的目标。同时，要引入健康有序的竞争机制，在生态环境建设的过程中保持各个因子始终处于各自的生态位；还要积极引入学校的整体环境，让学校环境成为生态环境的一部分，使学校环境与其他生态因子产生良性互动，创造适合英语学习的校园环境，进而保持高职英语教学生态系统的平衡，充分发挥高职英语教学生态系统的整体功能。

（一）尊重学生的个体差异

在高职英语教学生态系统中，教师要转变传统的教学观念，树立生态型的英语教学观念，并调整教学模式。教师在教学过程中要充分调动学生的积极性和主动性，以学生的学习和兴趣为根本，改变教学模式，营造适合学生学习英语的环境，使英语教学条件与学生学习能力相匹配，平衡生态环境中群体内部和外部之间的关系，使英语生态环境的建设更富有活力。

同时，在教育生态学的视野下，教师在英语教学过程中要充分认识到学生因为其个性不同而产生的学习状态差异。这种差异是教师制定教案与教学方法的重要依据。根据学生的学习状态制定教案与教学方法，能够使学生在学习过程中得到良好的关照，有益于促进学生成为教学过程中的主体和首要关注者。教师可以采取多种方法开展多样的活动，如组织英语角、英语演讲比赛等活动，让学生参与其中，从而提升学生学习英语的兴趣。通过多种多样的活动，教师能够不断地了解学生的学习情况和综合能力，学生也能够以更加生动的方式学习英语。

（二）平等对待不同学生

不同的种群处于不同的生态位。在资源有限的情况下，种群之间的竞争非常激烈，而处于边缘地带的种群面临着无法得到资源的境况。高职英语教学也存在相似的问题。在班级中，成绩中等的学生往往会被忽略。但实际上，在英语教学过程中，每一个个体都应该受到教师的关注，这样每一个个体才能明确自己的生态位，承担自己的责任，发挥自己的特长，教学生态系统才得以维持平衡。学生由于自身的特征和语言基础差异，会对英语学习表现出不同的倾向，教师不应该以此来区别对待学生，这样不符合高职英语教学生态系统的理念。

三、加强教学资源的合理配置

高职英语的教学重点是培养学生的英语能力。这种英语能力不仅体现在书面成绩中，也体现在学生日常生活中。在教学过程中，教师可以通过合理的教学方案来实现教学目标。

（一）寻求自身发展的优势，变限制因子为非限制因子

生态学中的限制因子主要强调，不同的个体通过一定的因素相互影响、相互干扰，进而影响整体效果。在这个过程中，限制因子主要强调其本身所具有的限制作用，即个体的发展会因为生态因子的存在而受到限制。在英语教学的生态环境建设中，学校的人文环境、自然环境等都可能成为限制因子，而教师和学生作为高职英语教学生态系统的生态主体，发挥着非常重要的作用，其他生态因子需要通过教师和学生发挥作用，因此在高职英语教学过程中，教师和学生要相互配合，将自我能力与自主性应用于学习过程中，降低限制因子对英语学习的影响，将不利因素转变为有利因素，使各个因子相互配合、共同发展。

教育生态学视野下高职英语教学过程的理想模式是，教师在英语教学过程中处于辅助地位，教师利用互联网资源，整合英语学习的信息，将信息传递给学生，并引导学生积极思考，积极探索；而学生在这个过程中，发挥自己的主观能动性，将教师的教学内容和教学方法应用于英语学习过程，跟随

教师的引导，发现问题、反馈问题，积极构建并完善自己的学习体系，同时，锻炼自己收集信息、理解信息、处理信息的能力，以降低课堂中其他限制因子的影响，提高学习效率。

高职英语教学生态系统的建设要求学校层面的各个单位之间紧密配合，形成独特的发展定位，通过单个系统功能带动学校的整体发展，进而推动整个学校生态系统的建设。不同地区的学校也应该根据自己的实际情况建立符合发展需求的英语教学生态系统；要看到高职英语区别于其他英语的特点，设立专门的教学目标。学校要积极发挥已有的优势，整合外部资源，努力改善校园英语学习的生态环境，使高职英语教学生态系统中的各个因子都能够充分发挥其自身的功能，保证各个部分协调共生、平衡发展。

（二）关注学生的学习兴趣，应用多样化教学方法

从生态学的理论来看，群落的多样性有利于群落内部因子的更替与交换。具有多样性的群落要比单一的群落更具稳定性和可持续性，能够在相同情况下更好地利用环境资源，使物质循环、能量交流和信息传递有更高的效率。

为了保持课堂教学的趣味性和有效性，使课堂更加生动，教师应该努力钻研教学方法，利用多样化的教学方法，使教学不断贴近生活、融入生活，使理论更加能够指导实践，让教学变成富有趣味的活动。这样才能让学生有学习的动力，才能让学生自然而然地接受英语学习。在高职英语教学生态系统建设的过程中，教师要保持一定的学习动力和可持续性，不断了解英美国家的发展状况与文化背景，利用技术手段将较新、较实用的成果展示给学生，让学生以动态的眼光看待英语学习，使课堂的教育与时俱进、充满活力。

在课堂外，教师要采用多样化的方法使学生感受到英语学习的乐趣。教师可以通过邮件、角色扮演、课外实践等途径，加强与学生的沟通交流，拉近英语与学生之间的距离，让学生在日常生活中有意识地使用英语，让学生能够在不同的环境下使用英语。在这个过程中，教师要使用不同的英语教学方法，引导学生根据自己的实际情况学习英语。同时，教师也应该看到高职学生与其他层次学生的区别，要根据高职学生的特点制订符合他们需求的学习方案。高职英语学习不仅要有助于学生夯实基础，还要帮助学生提高英语语言应用能力。

四、要力避花盆效应，构建良性发展的语言环境

物种与物种之间相互促进、相互依存，群落才能处于稳定和平衡的状态。教育生态学视角下的高职英语教学应该紧跟时代的脚步，使校园整体环境符合时代发展的要求，与自然、社会、文化等层面的状态保持一致。教学内容和课外活动要体现时代特色，增强学生在不同环境下使用英语的能力，保持校园生态的平衡。

花盆里的植物在花盆的限制下，没有充分的生长空间，同时由于花盆环境的存在，植物对湿度、温度的适应能力下降。植物在成长的过程中，发挥自主调节性，适应了人造环境，也丧失了对其他环境的适应能力。传统的英语教学就是在“花盆”的环境下进行的。学生在教师的指导下进行英语学习，学习的主要是英语基础知识，通常忽略了与外部环境的互动。在教育生态学视角下，外部环境决定着学生能否构建自己的知识体系以及学生环境适应能力的强弱，决定着学生能否将课堂知识转化为课外实践。课外实践能够引导学生探索不同的生活层面，使学生将知识顺利迁移至活动中，这种状态有利于增强学生的学习能力，因此在课外实践中，学生要学会知识迁移，以便脱离课本内容的限制，自由使用英语。

在教学实践中，教师应注重知识本位。现在多数课堂教学紧紧围绕语法知识以及考试内容，忽略了学生在现实生活中的英语使用能力，结果造成大多数学生在实际使用英语的时候，无法应对。这是英语学习不强调实际应用造成的，这样的英语学习难以切实达到教育的目的。教师可以采用“第二课堂”的方法，让学生成为课外活动的主体，让学生在实践中多收集有关英语的背景知识，了解英语文化，逐步提高对外部环境的适应能力。教师应该在整个教学过程中由辅导者变为引导者，引导学生培养自主学习的意识和能力，引导学生发展语言交际能力。

五、树立可持续发展的教学生态观

不同的种群及个体之间要维持相互促进的关系，才能保持种群与个体的协调，进而促进整体的发展。在高职英语教学生态系统中，学生之间，以及师生之间的交往对维持英语生态系统的建设非常重要。另外，各种限制因子

以及英语学习花盆效应的存在，极易造成高职英语教学的不稳定，即高职学生的英语学习情况易出现两极分化的现象，这制约了高职英语教学的功能发挥。这就要求师生之间树立可持续发展的教学生态观，不断缩小不同群体之间的知识差距，实现高职英语教学的目标。

（一）树立生态型的人际交往意识

生态系统内部的各种群之间通过物质、能量和信息的交流形成和谐共生的统一结构。种群之间的互动关系制约并影响着种群的成长和发展，进而对系统的整体功能起着促进或限制作用。这种作用对生态功能的建设具有非常重要的意义。在高职英语教学过程中，教师要注重培养学生的人际交往能力，学生要树立良好的人际交往意识，在交往中要关心他人、帮助他人、理解他人，共同努力，提升对英语学习的信心。在良好的师生关系中，要培养学生的英语学习动力，保证学生群体之间的物质循环、能量流动和信息传递的顺畅。高职英语教学生态系统追求平等的师生关系。这种关系模式认为生态因子之间要协调共生，要求系统内的各种群之间树立互助的概念和意识，把帮助别人渗透到日常实践活动中，渗透到学习讨论或群体活动等过程中，使每一名学生都能找到适合自己发展的生态位，加强学生之间的人际交往和互动交流，避免学生因相对有限的教学资源而引发破坏性竞争，避免学生形成自私自利的意识。同时，教师还要注重非正式群体在学生学习英语过程中的重要作用，发挥他们的榜样示范作用，逐渐提高英语在学生心目中的地位，进而提高高职英语教学的整体生态效益。

（二）重视师生生态主体地位建设

教育生态学视野下的高职英语教学重视教师和学生在生态系统中的主体地位。传统高职英语教学模式中，学生处于被动地位，只能被动接收教师传递的信息，自主学习意识和自主学习能力较弱。高职英语教学生态系统则要求教师和学生共同居于主体地位，师生关系由传统教学模式中的不平衡状态回归到平衡状态。教师的生态位由最初的主导者变成引导者，这就要求教师转变传统的教育观念，不断自我更新、自我发展，以优化英语教学模式。学生通过教师设计的多种教学活动，在学习过程中充分发挥主动性，积极参与到英语的教学实践过程中，积极配合教师的安排。只有教师和学生处于平等的地位，教师才有机会全面了解学生的学习情况，学生也才能发挥自己的潜力。

教师在实践课后可以对学生的薄弱之处、疏漏之处逐一分析，这样不仅能保护学生学习的自主性，还能平衡不同学生的学习进度和学习结构，使学生在和谐共生的环境中共同进步。教师要通过教学过程，让学生认识到英语学习的重要性，并为学生提供使用英语的环境。

考虑到高职学生学习的特点，要构建高职学生和教师之间的良性互动关系，才能为良好的生态关系奠定基础。这就要求师生之间建立有效的沟通交流机制。教师可以通过班会、小组讨论、角色扮演或师生访谈等方式，倾听学生的学习困惑和内心需求，拉进师生之间的情感距离，进而提高学生对英语学习的兴趣。针对学生的个体差异，教师要制订不同的教学方案，用不同的方法引导学生，营造一种关怀与尊重并行的教学观，使学生感到教师在教学过程中不仅注重成绩，也注重学生自身的健康与发展，激发学生学习英语的信心和动力。

（三）实现英语教学环境的可持续发展建设

教育生态学视角下的高职英语教学目标是全面培养学生的综合素质，让学生在学习过程中发挥主观能动性，并认识到个人的主观意识在学习过程中的作用，培养学生的自学能力。在这个过程中，校园建设是非常重要的。学校在生态环境建设过程中，可以设立英语角等活动场地，增加学生使用英语的机会，加强学生使用英语的意识，使学生能够充分利用英语角等活动场所锻炼自己使用英语的能力。同时，也要加强对英语角等的生态化建设，使之能够在系统且有效的环境中运行。挖掘学生感兴趣的内容与话题，让学生在英语角活动中充分感受学习的乐趣。话题越贴近生活，就越能够让学生迅速进入英语交流的情境中，也就越利于加强学生的听、说技能。和谐、有趣的环境有助于消除学生对口语的抗拒与恐惧，帮助学生树立自主的学习习惯。教师可以把话题提前交给学生，让学生整合网络信息资源，形成自己的观点和内容，为英语交流做好准备。要让学生获得主动权，让学生在学习的过程中发挥自主性，促进教师与学生之间的互动交流，进而构建和谐稳定的英语教学和英语学习生态环境。

第三章　多元智能视野下英语教学研究

第一节　多元智能理论概述

一、多元智能理论的定义和发展

多元智能理论由美国著名学者加德纳于 1983 年在其《智能的结构》一书中首次提出。该理论自提出以来在世界范围内引起了强烈反响。很多教育工作者对这一理论进行了研究，使该理论得到了完善和发展。该理论通过对智能给予定义来解释人们的行为现象。多元智能理论认为，智能是人类在创作过程中的一种能力，这种能力会帮助人们在生活和学习、工作中进一步了解现实并解决现实问题。因此，该理论能够有效指出实际问题产生的根本原因。

多元智能理论对教育界及特定文化和特定环境极为重要。从结构特点来说，多元智能理论提出，人在创造事物的过程中最少有七项智能，而这七项智能是人在社会活动中的主要能力。这七项智能分别是语言智能、逻辑 - 数学智能、空间思维智能、音乐智能、身体 - 动觉智能、人际交往智能、自我认知智能。随着世界范围内的教育工作者不断完善多元智能理论，多元智能理论已经不局限于原本的七项智能。1996 年加德纳又提出了新的智能——自然智能。

智能是人类将已有的文化知识应用于现实生活的一种能力，这种能力需要长时间的积累和学习才能获得，所以说智能本身既是生理的本能，也是心理的潜能。随着文化的发展、科技的进步，人们会被社会环境中的各类因素所影响，人的智能也就随着社会发展而发生转变。在很久以前，人们就已经开始对智能进行总结和分析。国内外很多著名教育学家及心理学家也对人类的智能进行了广泛的研究。

20 世纪中叶，苏联通过加大对科技的投入造出了第一颗人造地球卫星，为人类带来了新的科技，使得全世界对科技发展有了新的认识。而同时，美国开始反思，如何推动自身的科技进步和社会发展，他们的目光最终落在了国民教育上。

美国许多教育学者在研究科学理论过程中深刻反思，智能理论研究便应运而生。1983 年，美国著名学者、教育领域的领导者——加德纳通过进一步的分析得出了一个结果，那就是人类思维与人类对世界的认识有相互重合之处，这种重合以多重形式展现。加德纳提出，人类作为独立个体生活在世界上，对现实的认识表现出了不同的能力。加德纳通过细化这种能力得出了多元智能理论。多元智能理论的出现，为人们在社会生活中所用的能力给予了新定义。

随着智能理论的研究深入，多元智能理论成为当前教育学界不可忽略的一个重要理论。多元智能理论的研究进一步指出，人的智能与人的大脑息息相关，大脑的生理结构特征与人本身的潜力有关。进一步分析人脑对于现实教育的反应所得出的实验数据表明，认识与大脑之间的关系在大脑中形成了多种不同的智能中心。多元智能理论认为，人的智能是多元的。

在传统教育过程中，教育工作者只关注部分智能。人们常说的智力测试，其实也是基于部分智能的测试。传统教育所研究的是如何让学生在良好的教育过程中提升自己的部分智能，强化自己的部分智能。多元智能理论强调的，并不限于部分智能。加德纳认为，多元智能理论是通过教育不断增强人的所有智能的发展，只有这样学生才不会被局限、被束缚，才能进一步激发学生自身的学习潜力，增强学生对学习的兴趣。那些局限的眼光表达出的只是有限的看法。因此，传统教育侧重部分智能，是非全面性的教育。

侧重部分智能虽然有助于学生提高学习成绩，甚至有助于个别学生在升学中占据优势，让其进入所谓的名校，但是这样的成绩或优势与实际应用无必然的联系，并不能代表学生的能力，对于学生未来的发展没有必然的助益。要想进一步提升学生的能力，就要借助多元智能理论，全面提升学生的各项智能，这样才可以让学生有更好的发展前景。

二、相关智能介绍

多元智能理论的提出，使得智能理论的研究得到了更广泛的关注，多元智能理论本身与传统的智力观不一样。多元智能理论指人在现实情境下或特定环境下遇到困难后随之产生的解决困难的想法和付诸行动的能力，这种能力所创造的各类社会价值就是对智力的定义。因此，解决现实生活中的问题及创造出更多的解决办法的能力是多元智能理论所认为的智能。除此之外，多元智能理论认为，智能不是一种能力，而是一组能力。这一组能力的强弱取决于人自身。它们以多种形式、多种方式存在。

语言智能：该智能指出了人在思维过程中对于语言的掌握情况。将语言运用到实际中，需要通过观察、思考，进而产生语言表达。语言本身与词语构造有着极为特殊的关系，这种特殊的关系使得语言表达产生意义。

逻辑－数学智能：该智能表现为人对数学和逻辑的理解，对逻辑结果关系的分析。其特征是，在实际生活中运用数学和逻辑。具有该智能的人会常常用逻辑来判断问题和解决问题，用逻辑来分析现实情况。逻辑－数学智能突出的人对于数学及抽象模式的理解能力更强。数学与抽象模式是人类创造出的一种逻辑关系，这种逻辑关系可以帮助人们解决生活中及科技发展过程中的各类问题。因此逻辑－数学智能就是理论中的应用推理能力，可以帮助人们用逻辑的方式认识问题、解决问题。

空间思维智能：人对现实中的色彩、形状、空间、位置有着各自的感受，通过这种感受认知世界的能力便是空间思维智能。这属于三维空间的思维能力。要想提升自身三维空间的思维能力，就需要强化对空间思维智能的培养。

音乐智能：该智能是通过人的感受去辨别和创造音乐的一项能力。它不单单是记录音乐，更是通过音乐表达自我。它的主要特征表现为感受现实生活中非言语的内容，这些内容包括节奏、韵律和曲调等。培养音乐智能可以提高人对音乐节奏、音高、音质等的敏感度。

身体－动觉智能：该智能指人在生活中通过提高四肢能力，比如平衡和运动方面的能力，以身体部位的协调进一步把控运动的力量、速度、灵活性。该智能的主要特征是通过支配身体解决生活中的一些问题，比如搬东西、爬山等，是人所必须具备的一项生存能力。

人际交往智能：该智能指人在与他人交往时应当观察他人说话时的表情、内容，甚至是手势动作，通过这些情况来理解他人，并给予相关的反应的能力。人际交往智能在生活当中为人们沟通、适应工作环境和家庭环境给予了一定助力，它能够让人察觉和体验他人的情感及情绪，并做出相关的判断，给予对方相应的反馈。

自我认知智能：该智能指人通过自省的方式对自我进行洞察和认识。这是进一步认识自我、认识外界的一种能力。这项智能体现在生活中就是人对自身的认知力，即通过了解自身的优缺点来决定所要从事的工作、生活及其他。因此，该智能就是通过了解自己来做出决策，使自己在生活中能够设立科学合理的目标，为达成这一目标，能够用知识等进一步引导自己、充实自己。

自然智能：该智能指出，人在自然环境中可以通过自己的五官及其他部位感受自然界，并了解动植物的发展规律，从而对动植物进行辨认和分类，这是人融入自然环境的一种能力。它可以使人进一步洞察自然的发展规律，甚至以此来提升人改造自然的能力。

三、多元智能理论下的教育理念

多元智能理论通过数十年的发展得到了极大的完善，如今多元智能理论在教育界得到广泛认可。教育界的一线教师和研究者对于多元智能理论下的教育实践情况进行研究，新的教育理念也随之产生，这些教育理念在长时间的检验过程中也得到了广泛的认可。

多元智能理论提倡有弹性和多因素组合的智力观，这种智力观能够使学生在学习过程中得到合理的教育，教师能够进一步在备课及教学过程中正确引导学生，增强学生多方面的能力，使学生在学习过程中得到全面发展，而不是单独提高一方面的能力，使学生的发展偏颇、失衡。多元智能理论认为，各项智能有着自身的发展规律，每个人的智能又有其独特的表现方式。因此，要根据学生每项智能的发展情况进行教学安排。

在多元智能理论主导下的教育理念认为，一定要以分科的教学方式来提升学生各方面的智能。这样更具针对性和有效性。根据多元智能理论的分析，每一名学生在学习过程中表现出的多项智能都是其独有的。智能的高低及其表现形式的不同使得任何一种教学方式都不一定适用于所有学生，因此很难找到一个适用于所有学生的统一标准，这也就导致无法合理评价一个人聪明或成功与否，因智能表现形式的不同，每一名学生在学习过程中所拥有的特点也不同。

想要进一步提高学生的各项智能，就需要将外界刺激和自身努力相结合。每个人在发展过程当中，都会寻找一项自己较感兴趣或者有天赋的能力进行提升。这一项能力也属于多元智能，它不是传统教育下所注重的个别能力，是多元智能理论下所强调的能力。多元智能理论下的智力观要求学校、家庭、社会等各方遵从上述原则来培养学生，要尊重学生的成长经历、生活背景等主要因素。而借助这些因素的影响力和互相作用的培养方法就是发展学生智能的有效方法。

只有结合实际情况将上述情况落实到教学中，才能让学生在学习的过程中提高智能。单一的智能或许有高有低，但是多元的智能差异并不大，因此提高智能发展水平，更多的是加强学生的后天努力及学生对社会历史文化环境的认知，提升学生在学习过程中对智力观的认识和对学习的兴趣。

多元智能理论还提倡全面、多样化的人才观念。随着社会的发展，各行各业的岗位和技术逐渐多层次化、具体化、细节化，这进一步加强了专业性教育的重要性和必要性。为了进一步适应当前的社会发展，应当提升学生学习内容的专业性，提高学生在智能发展过程中的层次化和结构化，使学生在进入社会之后能够成为真正于社会有用的人才，能够为社会贡献自身的价值。

提升学生学习内容的专业性，需要老师在教学过程中逐步了解每一名学生的智能优势，根据学生的智能优势对应教学。学生的智能优势可能有一种或多种，通过教育可以进一步提升学生在各领域中的智能优势，使学生成为该领域的人才。在这种以人才为主导的教育理念下，学生能够提升工作能力，为社会做出贡献，教育能够在现实当中得到反馈。提升专业的针对性教育是当前教学发展中不可忽略的理念。

传统教育下的人才培养观念大多偏重培养语言智能、逻辑－数学智能，教育观、评价观极为片面，这样的教育理念使得学生片面追求所谓人才应具备的智能而压制自身的天赋，也使得其智能在发展过程中无法得到针对性的提升。这会抑制社会人才的多样性发展，也使得教育发展变得极为片面。因此，要进一步提升和寻找每个人本身的能力潜质，就要找对每个人的优势智能进行提升，这样才能让学生在学习过程当中得到稳步发展。当前对于传统的、落后的教育理念应当予以摒弃，并强化和提倡全面多样化的人才教育理念。

多元智能理论所提倡的是积极的、平等的学习观念。每一名学生或多或少都具有某些智能，这些智能以组合的形式和独立的形式发挥着各自的作用。要进一步帮助学生在学习过程中找寻其优势智能领域，这样才可以进一步提升学生对学习的兴趣和积极性。教师在教学过程中要积极发现学生的智能特点，通过学生的优势智能来进行针对性教育，引导学生向其优势智能领域发展，使学生的学习类型和风格得到进一步的延伸。多元智能理论指出，优势智能并不会因为学生的成绩高低而有所变化。学生发展的关键不在于学生聪明与否，而是在于其对于问题的研究程度以及其优势智能是否得到提高，因此提升学生各方面的智能，找到其优势智能并提升学习的积极性才是学生发展的关键。

第二节　多元智能理论与英语教学环境、教学内容的整合

一、多元智能理论与英语教学环境的整合

教学环境指学校为教学所设置的环境，包括设备、设施及教室。它通过一种组织方式对资源进行整合。因此，教学环境的进一步打造和提升对教学设计有促进作用。通过师生、生生之间的合作、协调，使教学氛围更加融洽，这是当前教学环境所追求的目标。

多元智能理论认为，对教学环境进行优化有助于丰富教学策略，使得教学理论在实际教学过程中能够进一步整合教学环境。教学环境与其他场所不同，具有个性化的特点。教学环境以人与环境之间的和谐为前提，目的是让人在特殊的环境中接受教育。随着社会和科学的发展，信息技术已经成为教学中不可忽视的一部分，也成为教学环境中不可缺少的一部分。本研究以多元智能理论为导向，推进教学环境整合，让英语课程能够在教学环境下获得

良好的支撑。教学环境有局部和整体之分，局部教学环境指教室以内的教学环境，整体教学环境指校园范围内的教学环境，两者结合起来就是校园文化环境。多元智能理论提出，要想进一步提升学生在教学环境中接受教育的效果，就要通过规划、组织、协调以及安排，为学生创造更好的教学条件，而多元智能理论能够为教学环境的规划等过程提供理论支撑。

多元智能理论指出，人类本身的智能具有多样性，它们需要通过教育的刺激来相互作用，进一步发展，并反作用于教学过程，促进学生学习。在实际生活中，很多学生在传统教育下被贴上所谓的“差”的标签，但是通过多元智能理论分析可以发现，他们只是各方面智能发展不一。以一个固定项目来评判所有学生，必然会有高低之分，若换一个项目，得出的结果会不同，因为学生的智能是多样的。要想强化学生的智能，就要找出适合学生自身的优势智能，以这一项或几项智能的提升来激发学生的自信心和兴趣。因此，不应当片面地评价学生的智能，而应从多元智能角度全面分析，比如从学生的逻辑－数学智能、语言智能、音乐智能、人际交往智能等，分析的结果可能是，除传统教育所重视的智能以外，所谓“差”学生的其他智能高于传统评价为“好”的学生的智能。也就是说，多元智能理论有助于学校等各方进一步整合教育环境中的各类资源，营造出适合学生的学习氛围，这对提升学生的自信心和兴趣有着极大的帮助。

多元智能理论认为，要想提升学生英语方面的学习能力，应当积极提升教学环境，尤其是校园文化环境。校园文化环境能够为学生提供更加轻松、适宜的学习环境，协助学生在多元智能理论的指导下，进一步了解英语学习的特征。因此，开展校园文化环境建设，让校园文化环境建设中的英语元素在多元智能理论的推动下得到进一步加强，这对学生学习英语有着重要的补充作用。

在实际的教学过程中，为了避免传统教学思想的影响，应当以多元智能理论为课堂指导思想，进一步整合教学环境，让教学在环境与理论的影响下更有效，更能激发学生学习英语的兴趣。在这些实践过程中，规划的重要性不言而喻。

教学内容与教学环境结合，能让环境影响学生的听讲和思考状态，也能让所讲内容更加生动有趣。例如，通过信息技术的使用，以图片、音乐、视频的方式让学生进一步了解生活中英语的表达方式，能够让那些本来不感兴趣或无意听课的学生在教学环境和多元智能理论的影响下，潜移默化地提高基础，让本来感兴趣并积极听课的学生极大地拓展知识面，吸收教学内容，积累英语词汇。但需要注意，在整个教学过程中，应当以学生为本。教师应当安排好教学进度，如果忽略了学生的接受程度或其他表现，教师自说自讲地灌输内容，大多情况下会导致学生听不懂、不敢问，甚至个别学生出现“开小差”的情况。这就偏离了以学生为本的要求，使得课堂气氛极为沉闷，进而偏离优化教学环境的要求。在实际中，如果出现这种情况，就要减少讲课内容，因为讲得越多，学生接受得越少。要想提升学生的学习积极性，就要结合多元智能理论，引导学生自己创建良好的课堂氛围。让学生动起来才是英语学习的硬道理。

在多元智能理论的指导下进一步整合英语教学环境，需要教师多动脑筋。比如在讲词汇、语法时，应当加强学生对自身已有、已知工具的使用，而不是单纯以教师讲解的方式让学生被动接收教学内容。学生在联网的情况下，可以搜寻相关的英语内容，主动了解相关英语词汇及语法。个别学生容易沉迷网络，如何引导学生借助网络学习英语，是教师在课堂和课后常遇到的一个问题。让学生自己营造教学环境的策略，是教师解决这一问题的一个突破点。教师可以让学生下载电子词典，让电子词典在学生日常生活中发挥作用，鼓励学生以阅读的形式了解和学习英语。

为了让学生动起来，营造主动性强的课堂氛围，可以从加强学生互动入手，允许英语基础较差的学生向其他优秀学生寻求帮助，让他们以合作的形式开展学习，让学生在互利的情况下学习英语。在多元智能理论的全面开发下，上述几方面可以进一步提升学生的人际交往智能，也可以进一步推动多元智能理论在教学环境设置和课堂氛围营造中发挥作用。这样的教学环境设计更加科学，更有助于在实际教学过程中营造活跃的气氛，让学生在学习英语的过程中不因讲授方式而改变学习状态，让学生学习英语的过程更加有效，也让教师能更好地把控教学进度，达到教学要求和目标。综上，改善教学环境能进一步提高学习效果。

二、多元智能理论与英语教学内容的整合

多元智能理论整合英语教学内容是当下英语教师所注重的方面。这主要

是在多元智能理论的指导下，通过丰富教学方式和方法，进一步激发教育教学的作用。教学本就是要寻找学生的智能差异，根据学生智能特点开发教学方法和内容，吸引学生主动学习，这样才有利于将整合后的英语教学内容贯穿整个教学过程，让学生在课堂学习之后有效提高英语基础。比如，可以将我国传统的教育理念“因材施教、有教无类”融入多元智能理论，让学生在有效的指导下主动学习，进一步提升对英语教学内容的理解以及对英语知识的积累。

多元智能理论指出，要想进一步整合英语教学内容，就要遵循多元智能理论的差异性、多元性、文化性、开放性的特点，正视学生之间的差异，了解多元智能理论对英语教学内容的指导作用。学生之间的学习、接受、表达等能力有着很大的差异。如何在教学过程中进一步缩小这种差异，使学生在学习英语后有所提升？需要教师认真思考教学内容，让英语教学内容在教学过程中发挥出应有的作用。这就需要进一步革新传统的英语教学内容和方法，让单调的教学内容变得生动，让单一的教学方法变得丰富。考虑到智能之间的差异，需要忽略学生在传统教育下出现的各类问题，避免一味追求语言智能和逻辑－数学智能等传统教育所侧重的方面；还需要强化学生全方位的发展，让英语结合多项智能，增强教学过程的趣味性和易接受性，鼓励学生发挥自身的优势智能和社会潜能。比如，可以将空间、逻辑－数学、语言等方面的智能融入英语教学内容中，让学生在多元智能理论的帮助下提升英语语言智能，这样学生的英语学习才会更加有效。

在多元智能理论的指导下，英语教学内容可以更具针对性，根据教学对象特点设置的教学课程方案更具合理性。在教学过程中，多元智能理论可以指导教学内容进行适当调整，切实实现以个人为中心的教育。这也是让学生在学习过程中提升自我认知的一种方式。让教学内容贴合教学对象的认知和学习状态，有助于学生在学习过程中辨识自己各项智能的强弱，使得英语教学内容在多元智能理论的帮助下更加丰富化、特色化。让英语教学的疏导与学生的兴奋点相结合，通过不同的智能来调整学生学习英语的切入点，使得学生在学习英语过程中不单单提升语言智能，还能提升其他智能，让英语学习成为提高学生全面素质的一个助力点，让学生在学习过程中更有信心、更有兴趣。

第三节　多元智能理论视野下高职英语教学现状及问题

根据近几年的调查，高职学生毕业后在工作岗位上的表现不尽如人意。他们的专业能力和动手能力很强，但综合文化素养偏低、管理能力偏低、语言应用能力较差。国际化的今天，在工作场合使用英语的情况较为普遍，而高职学生在工作中因为英语应用能力差而出问题，这导致很多用人单位在选择人才时提出了更高的要求。为此，高职英语的教学改革更为迫切。

近两年，有不少学者专门针对高职英语教学提出了很多宝贵的意见和建议，但高职英语教学依然存在问题。为了提高我国高职英语教学质量，解决高职英语教学存在的问题，本节根据所收集到的实践资料和数据，主要从学生、教师、教学三个方面进行分析，以期切实反映我国当前高职英语教学现状，发现其中存在的主要问题，为多元智能理论视野下高职英语教学改革提供依据。

一、多元智能理论下高职英语教学现状

（一）学生现状

1. 入学时英语基础薄弱，整体英语水平偏低

高职院校的生源主要有通过普通高考招收的普通高中毕业生、通过对口考试招收的职业高中生、通过3+2、2+3考试招收的中专生、职中生等，这些学生入学时的成绩要比进入普通本科院校学生的成绩低，尤其是在国家实行高校扩招制度以后，学生的整体水平出现滑坡。在英语方面，具体表现为大部分学生英语基础薄弱：听力方面，听不懂基本的日常对话，有些地区听力成绩不计入高考总分，直接导致了“听不懂”的现象；说方面，无法表达自己的想法，无法顺畅交流，有些学生地方口音浓厚，自认为英语发音不好，不敢与人交流，出现了“哑巴英语”的情况；阅读方面，基本的英语音标不会认读，遇见新单词就算查了字典也读不出来，再加上词汇量少，无法读懂一篇常规的文章；写作方面，相当一部分学生无法写出符合语法的句子，考试过程中往往不写作文，或抄写试卷中所给的阅读理解，或直接用汉语拼音

蒙混过去；翻译方面，无法理解英语原文的含义，无法进行翻译。

2. **英语水平个体差异大，层次参差不齐**

许多高职学生的高考综合成绩不高，但某一科成绩较好，这种现象尤其常见于英语和数学这两科。首先，从笔者在教学中了解到的情况来看，部分学生来到高职院校不是因为每门功课都不好，而是因为偏科严重导致高考失利，因此存在部分学生英语水平很高而部分学生英语水平较差的现象，两极分化严重。其次，高职院校不是按照某一科成绩来分班的，而是根据学生自己所选专业分班，根据学生报到顺序分班，根据学生的高考分数分班，或是根据随机顺序分班，等等，这些分班方式都没有考虑学生的需求。最后，由于生源不同，高职学生有的是高考成绩不佳的学生，有的是中专院校对口升学的学生，有的是读完初中直接选择五年一贯制的学生，他们入学前英语基础本就不一，同时学校对此并不重视。因此，高职院校容易出现同一班级里的学生英语水平差异大的情况。

针对此情况，许多高职院校尝试分级教学，但在实施的过程中出现了不同程度的困难，问题并没有彻底解决。笔者在各高校的英语教学调查中发现，在绝大多数高职院校，如郑州铁路职业技术学院、郑州工业应用技术学院等，教师使用同一本书、同样的知识内容、统一的教学要求、同样的教学内容来教授存在英语水平差异的学生群体。笔者在与学生的谈话调查中发现，这样的教学就导致了成绩好的学生“吃不饱”、成绩差的学生“消化不了”的局面：想学好英语的基础好的学生认为英语课无意义，什么也学不到；而英语基础弱的学生听不懂，干脆就放弃学习英语。高职英语教学水平无法提高，学生英语水平也无法提高。这也是高职英语教学面临的困境之一。

3. **英语学习动机不强，积极性不高**

俗话说“兴趣是最好的老师”，英语学习的内在动力应该来源于学生自身。对于初学者来说，兴趣是很容易培养的，因为初学者对新事物总是充满好奇，但随着学习周期加长、学习内容加深，学习难度增大等，情况会变化，在学生的英语学习中会出现两个分岔：一个分岔是，部分学生保持学习兴趣，很容易在英语学习上获得成就感，这部分学生会对英语学习越来越感兴趣，他们的英语水平也会逐步提升；另一个分岔是，部分学生在新鲜感过后，对英语学习的兴趣递减，甚至产生厌学情绪。对于高职学生而言，他们中的多数属于后者。笔者对所在学校和班级的学生调查后发现，几乎所有学生从小学就开始学习英语，学习时间长达数年，当然有很大一部分学生半途而废，初中时期甚至小学时期就放弃学习英语。对于他们来说，英语学习是一种负担，更别说到了高职阶段，许多学生认为终于从英语学习中解脱了，再也没必要那么痛苦地学习英语了，他们秉持着“能放松就放松”的态度对待英语。

笔者通过长期观察发现，造成这一现象有以下几个原因：一是高职院校对公共课程不重视，学校只是根据教育要求开设英语这门公共课程，并不特别重视其教学质量，对其投入也不足，学生缺乏良好的学习氛围和学习导向；二是高职学生大多认为类似英语这样的非专业课程不重要，上高职就是来学习高级专业技能的，英语水平的高低不会影响将来找工作；三是学生基础较差，对英语学习没有兴趣，也没有信心。

（二）教师现状

认知方面，部分高职教师无法正确看待学生。一些高职英语教师认为，高职学生的英语基础差，其英语水平不可能通过高职阶段的学习有质的提升，教师对学生的英语学习没有信心。同时，高职英语教师没有认清学生的智能特征，没有挖掘高职学生的优势智能，没有找到适合学生的教学方法。教师依然沿用传统教学方法，教学方式陈旧死板、缺乏多样性，有的院校也采用多媒体教学，但教学目标还是以应试为主，教学内容以语法、阅读讲解为重点。

教学方面，高职英语教师往往无法正确对待高职英语教学，未能认清高职英语教学目标，一是常常照搬普通人学英语教学模式，导致教与学脱节；二是过分强调英语基础，未能将教学内容与学生未来就业需求相联系。高职英语教学要体现职业性，要培养生产、建设、管理、服务第一线工作的应用型人才，这就需要高职英语教学以就业为导向，培养学生实际应用英语语言的能力。

（三）教学现状

1. 落后的教学环境直接影响高职学生的英语学习效果

教学环境是教学的外在条件，即外因，它虽然不如内因那样起着决定性作用，但对于思想还不是很坚定、容易受外界影响的高职学生来说，教学环境对其影响较大。教学环境包括教学配套设施、校园文化环境及师资力量等。

首先，我国多数高职院校教学基础设施并不完善。例如，一些高职院校的英语语音室条件落后甚至没有英语语音室，教师缺乏有效的教学设备以激活课堂，只能利用黑板和讲台对学生进行知识“灌输”。也有部分高职院校已经利用多媒体进行教学，但多媒体教室有限，高职院校只能整合课堂，即多个班级在一个教室上课，这会造成学生听课效果差，有效的英语语言运用机会变少等情况。

其次，校园的文化环境对高职学生也有极大影响。高职学生的自我控制能力较差，容易受到同学或室友的影响。在大部分学生学习习惯较差、学习自觉性较低的情况下，即使有少数学生想要学习，但看到大部分同学利用课余时间做兼职或玩电脑、手机等，他们会禁不住诱惑，放弃学习。多数高职院校较难形成良好的学习氛围，也使得高职学生在学习英语时常常因缺少同伴、无人交流，而产生学之无用之感。

最后，高职英语教师的师资力量不够雄厚。高职院校属于边缘高等院校，对专业课教师要求甚高但对公共课教师不太重视。很多英语教师是外聘教师，且在英语教师中，缺乏专门的外教。

2. 教学内容脱离实际，影响学生的学习兴趣

教学内容是教学活动的载体，也是教师与学生活动的基础，一般规定了课程的教学范围、知识难易程度及技能培养方向等。长期以来，高职英语教学内容基本照搬本科英语教学内容，适合高职学生能力水平的高职教材缺乏。虽然近年高职院校的蓬勃发展使得很多根据高职教育内在要求建设的高职教材如雨后春笋般涌现，但这些教材仍然有不足之处。当前高职英语教材多依据校本课程进行建设，教学内容普遍适用性不强，如机械工业出版社的高职英语教材偏重工科内容，不太适宜文科专业学生使用；对外经济贸易大学出版社的教材偏重贸易英语，不太适合理工科的学生使用；高等教育出版社的英语教材内容偏难，大多数高职学生难以接受等。这些高职英语教材虽然实用性较强，重视“交际原则”，但忽略了“系统原则”，连贯性较差，没有遵循“循序渐进原则”或“阶段性原则”，这都给教学带来了困难。此外，由于高职英语教材建设刚刚起步，高职英语教学内容还存在一些亟待改进的问题，例如，有的高职英语教材编写不严密，存在很多错误；有的教材内容陈旧，形式单一或没有结合专业教学，未能突出高职教育特色。

3. 教学方式单一，偏离教学目的

教学方式是教师将知识展现给学生的方式，直接决定了知识传输的有效性和学生听、说、读、写、译技能的提升速度，影响着整体教学质量。许多高职英语课堂沿用了传统的教学模式，教师在讲台上讲得口干舌燥，学生听得昏昏欲睡或干脆看手机、玩游戏。教师重视基础知识的传输，采用“大水漫灌”的方式教学，缺乏与学生的交流和互动，课堂沉闷。也有许多高职院校采用了先进的教学方式，如语音教学、多媒体教学等，但在笔者观摩的几所高职院校英语课上，多媒体等只是呈现知识的辅助工具，而且多媒体教学要比常规的课堂教学所呈现的知识多很多，教师往往只顾完成自己的教学任务，快速将课件中的知识点讲完，并没有顾及学生能否消化所有知识，能否跟上讲课进度等，既没有达到活跃课堂的目的，没能提高学生的课堂参与度，也没有达到优化教学方式、提升教学质量的目的。根据课后对学生的访谈，笔者发现，这种教学效果还不如传统课堂的教学效果好。

事实上，教学手段或教学方法本身并无好坏，每一种教学手段或教学方法都有优缺点，关键是如何才能让不同的教学手段或教学方法发挥出应有的效果。没有任何一种教学方式能适用于所有的课堂教学，有效的教学方法应该是多种教学方式的恰当使用。高职英语教师多数采用讲授法，并不是说讲授法不好，而是教师可以在课堂中采用多种教学方式，并根据学生的情况适时调整和转换。高职英语应以培养学生的实际应用能力为目的，尤其是培养学生的涉外交际能力。如果教师只顾讲授，不给学生练习的机会，怎么提高他们的听、说、读、写、译能力？即使学生考试合格，但实际的英语应用能力远远达不到就业需求：该看的文件看不懂，日常的实用写作不会写，口语交际张不开口。

4. 忽视教学评价的重要性导致学生英语学习动机不强

教学评价是以教学目标为依据，制定科学的评价标准，运用科学的评价技术和手段对教学活动过程及其结果进行测定、衡量、分析、比较，并给予价值判断的一种活动。教学评价的对象主要包括学生的学习成绩、教师的教学质量和课程效果。

导致学生英语学习动机不强的教学评价主要是对学生学业成绩的评价。当前高职院校对学生英语学业的测评主要通过考试和考证。考试一般分为日常考查和期末考试两部分。首先，日常考查是一种较为全面的考查手段，主要通过学生的平时出勤、作业完成情况、课堂表现等多项活动综合考查学生的多项智能。但据笔者对各高职院校的教师访谈，大多数高职英语教师不会时常记录学生的日常表现，而是在期末时全凭对学生的印象给出分数。这样一来，评价结果对教师的教学毫无借鉴意义，对学生的学习也无激励作用。其次，对学生的英语学业评测有一项是期末考试。一般高职英语为考试科目，考试形式为笔试。考试的题型和内容比较固定，一般考查学生的语法掌握情况以及阅读、写作、翻译能力，且各院校为照顾学生的及格率，考试内容多为课本知识。考前教师也会给学生划定考试范围，无论学生掌握了多少知识，只要背背就能“过关”。不少学生也抱着“只要‘过关’就行”的想法应付考试。实际上，这样的评价方式较为局限，尤其是对高职英语而言。它应该重视评价学生实际应用英语的能力，尤其是交际能力，但期末考试忽略了对此项能力的考核，不能有效体现学生的实际能力。学生学业的评测还可以用英语证书来体现。目前，学校对英语教学的评价指标就是看学生的过级率。这个“级”指全国大学英语四级和六级。再加上现在多数企业招聘时也明确要求“过四六级”，许多高职院校出现了考级热。

如果仅用笔试成绩来判断学生的英语应用能力，势必无法全面反映学生的实际水平。一些高职英语教师为了应付学校的检查，给出的日常考查结果很少是经过认真分析和反思的结果，他们并没有正确认识教学评价的目的。充分利用评估结果来促进学生与教师的共同发展只能流于表面。可见，高职院校英语教学形势严峻，任重而道远。

二、多元智能理论下英语教学存在的问题

（一）对多元智能理论的反思比较局限

多元智能理论在被世界各国教育界学习和借鉴的同时，因自身的局限性而被西方学术界广为讨论甚至受到越来越多的质疑。国内的多元智能理论研究者一方面非常关注世界各国特别是西方国家围绕多元智能理论展开的讨论

甚至是对多元智能理论提出的质疑，另一方面也对多元智能理论以及多元智能理论在我国教育实践中的运用进行了认真的反思，力求多元智能理论的研究更具广度和深度，从而使教育改革对多元智能理论的借鉴更为客观、理性、有效。

多元智能理论的局限性可以从加德纳本人的反思出发，其内容主要归纳为以下几点。

第一是多元智能理论的理论基础。加德纳承认，尽管他的理论是在大量研究结果基础上的综合分析，但《智能的结构》所呈现的仍然是一种“主观因素分析”。

第二是多元智能理论的内涵。加德纳强调，不管一个人的智能组合如何，也不管这项智能是突出还是缺乏，任何智能都不应该有道德与非道德之分。

第三是多元智能理论中术语的运用。加德纳指出，多元智能理论并没有宣称要处理智能范畴以外的问题。多元智能理论并不涉及个性、品格、意志、道德、动机或者其他心理学内容，也与道德规范或价值观无关。

第四是多元智能理论与相关理论的关系。加德纳认为，一方面，多元智能理论确实没有包含心理学的许多领域，特别是心理学中两个常说常新的话题——动机和注意；另一方面，与传统心理学研究相比，多元智能理论强调现实中每个领域里的求知途径与知识形式，这可能预示着，传统心理学的特定方面将归类于多元智能理论的某一项智能之中。

第五是多元智能理论的发展与研究方向。加德纳对未来智能研究的方向给出了两点思考，第一点，尽管我们对智能本身有了一定的认识，但智能的培养仍是一个很大的挑战——到底应该以个人为中心，还是应该强调情境化和分配性；第二点，在理解并知道如何培养智能之后，如何富有道德感和责任心地运用这些智能。

第六是多元智能理论的应用与实践。首先，在教育实践中，多元智能理论确实为学生的发展提供了更合适的评估体系；其次，多元智能理论也为学校教育提供了更为有效的教学策略；最后，多元智能理论是可以并应该采用多种方式应用到教学实践中去的，不能搞“一刀切”。

西方学术界对多元智能理论的批判和质疑与加德纳对多元智能理论的反思略有不同，其内容主要归纳为以下五个方面。

一是理论基础。他们认为多元智能理论提出的实验基础不可靠，从筛选标准到智能清单的推导过程都比较武断，文化背景的应用不科学。二是术语方面。他们认为加德纳混淆了天赋、才能和智能等概念，对创造力、批判性思维、记忆等没有具体有效的解释等。三是多元智能理论本身。他们认为多元智能理论没有对智能操作过程进行论述和解释，各项智能之间的相互独立性没有严格的科学依据，该理论更像一个实用主义的框架而不是一个严密的理论体系。四是多元智能理论和其他研究领域及理论的关系。他们认为多元智能理论完全否认一般因素的合理性，与某些智能理论在本质上极为相似，因此不具创新性。五是多元智能理论未来发展的问题。他们认为该理论当前及未来的理论价值、研究方向等尚有疑问。

综合加德纳本人及他人对多元智能理论的研究和反思不难看出，西方学术界对该理论的质疑与加德纳本人的反思有一定的契合度，并且反思内容多来自教育学与心理学领域，关注点也比较具体。伴随着《多元智力再思考》一书的问世，西方学术界对多元智能理论的综合性反思已经展开，并针对该理论进行了较为系统的、有着多学科背景的审视与思考。

我国学者在多元智能理论进入国门初期，更看重该理论积极、创新的一面，更倾向于探讨如何借鉴该理论对我国教育实践做出贡献并让之产生积极效果，对该理论的反思和质疑不够深入。自 20 世纪末期以来，随着对多元智能理论研究的深入，我国开展了大量借鉴该理论并将其用于调整课程方案的实践探索，逐步形成了不少以多元智能理论为指导的高职英语教学方案。在这种背景下，学者也越来越多地关注究竟应该如何更为理性和客观地借鉴多元智能理论，以及如何将多元智能理论和高职英语的实际情况相结合，从而形成了两条借鉴多元智能理论进行高职英语教学改革的思路：其一，以我为主，他为我用；其二，以他为主，他我结合。

作为中国的多元智能理论研究者和实践者，我们更应该多元地理解、讨论和运用多元智能理论，在此基础上，将它与高职英语教育理论和模式进行融合，并结合时代的特点和我国教育改革的实际情况，创造出有时代特点、有中国特色的教育理论和教育模式。

（二）多元智能理论在高职英语教学中的误区

加德纳提出的多元智能理论无论是从理论层面还是实践层面都给教育教

学带来了明确的指导，促进了教育理念的更新和教学模式的优化与变革。同样，多元智能理论在高职英语教学中所发挥的作用也是显而易见的，其主要表现为：通过开发丰富的活动改进了英语教学形式，激发了学生的潜质，提高了学习效果，系统全面地开发了学生的多项智能，促进了英语教学质量与学生综合素质的同步提高。

多元智能理论给高职英语教学带来诸多好处与效益的同时，也让高职英语教学走进了一些误区，主要可以概括为：一是英语教学主要以智能的发展为主，英语本身的重要性降低了；二是照搬国外成熟的多元智能应用方式；三是在英语课堂中，每堂课都要求必须包括八项智能的训练；四是多元智能应用于英语教学时，仅满足于从活动层面进行改革和创新；五是认为多元智能理论只是一套指定的教学方法、课程或技能。

传统的高职英语教学过分强调语法和句型训练，过分强调“双基”，即基础知识和基本技能，导致学生只能获得语言知识，而非语言智能。新型的英语课堂教学要从多元智能角度出发，进行跨学科的教学设计，各学科间相互交叉、相互渗透。也就是说，在开发语言智能的同时，随机把其他方面的智能开发到一定程度，这样才不至于浪费学生固有的潜能。但高职英语教学毕竟是一门语言教学，在从传统课堂教学向新型课堂教学转变过程中可以加大对各项智能的培训和开发，但语言“双基”也很重要，它是学好一门语言最基本的内容，如果没有扎实的语言基础，发展其他智能也就成了无源之水、无本之木。因此那种认为语言教学主要以智能的发展为主，语言本身并不重要的观点是片面的、站不住脚的。

多元智能理论自提出以来，经过加德纳本人、西方学术界的不断实践和反思，逐步成为一种理念新颖、观点鲜明、符合现代教育潮流的教育思想。通过理论与实践的不断融合和提升，可以毫不夸张地说，它是近现代教育领域中一种颇具代表性、有着重要价值的教育理论，也是极有可操作性的教育引领性思潮。该理论在一定程度上与我国目前大力倡导和推进的素质教育有着共同的教育理念和内涵，可以作为我国教育改革的重要参考。但多元智能理论毕竟是西方文化的产物，在认同该理论对我国教育改革起着重要指导作用的同时，更应关注如何理性和客观地借鉴多元智能理论以及如何将多元智能理论和我们本土文化相结合，从而建设我们自己的教育体系，特别是课程体系。因此，那种认为或主张可以在高职英语教学中照搬国外成熟的多元智能应用方式的观点是不对的，也是很难奏效的。

多元智能理论在语言教学中的运用，突破了语言教学只能传授语言知识的惯性思维和陈旧观念，逐步踏上了在激发语言智能的基础上发展学生多元智能的轨道，真正实现了现代语言教学的目的。在实际的课堂教学中，除注重培养学生语言智能外，发展学生的其他智能也是现代语言教学追求的目标，但多元智能涉及的项目很多，至少已有八项得到公认，在一堂课中很难面面俱到，如果这样做了，也只能是削弱本应重点培养的语言智能，匀出时间给其他智能，这必然会影响语言教学的真正目的和意义。比较实际的做法是立足于某一阶段的教学，将多元智能项目放在一个长期的框架内，以求达到全面发展学生各项智能的目的。很显然，那种坚持在语言教学的每堂课中都必须训练八项智能的观点是靠不住的。

那种持有多元智能应用于语言教学时只从活动层面进行改革和创新就行的观点是不全面的。事实上，在语言教学过程中应用多元智能，是许多理论工作者和一线教师共同努力的结果，他们在活动层面进行了有效的探索和实践，才总结出了许多价值高、可操作性强的活动模式，提高了语言教学的实效性，在培养学生语言智能的同时，促进了学生其他智能的发展。取得这种效能的背后，不仅有语言课堂教学活动层面的改革和创新，还有诸多研究者的探索与实践，更有每位一线教育工作者为真正掌握多元智能本质内涵的付出。他们先让自己成为具备多元智能的教师，并将这些内涵逐步转化为自己的教学理念，自觉付诸课堂实践。同时，还要有意识地对所教学生进行多元智能理论方面的指导和培养，并使其内化为学生的一种追求和内驱力，努力实现多元智能在语言教学中的功能和意义。

多元智能理论本身是一套指定的教学方法、课程或技能，这种观点也失之偏颇。该理论的价值和内涵远远超出了这一观点所指向的作用或功能，它最大的贡献在于为我们提供了一种对智能的新的理解方式。具体可以理解为，在日常的教育教学过程中，教师可以将之作为引导，通过设计和开展多种多样的教学活动加强学生对知识的认知和理解，并可将部分支配权转移至学生，结合学生的特点设计出适合学生的教学方式，达到强化学生多项智能的目的。由此可见，多元智能理论为我们重新审视智能提供了一种全新的视野。

第四节　多元智能理论视野下高职英语教学的策略

一、多元智能理论是英语教学策略制定的重要依据

多元智能理论为改革教育观念和课堂教学方式开辟了一条坦途。多元智能理论认为，任何一组特定的方法都可能很适合某些学生，但对另一些学生不一定奏效。例如，那些常借用运动或游戏进行教学的教师会发现，有较强运动倾向的学生反应热烈，而没有此倾向的学生无动于衷。同样，借用图画和形象教学的教师会发现，空间思维发达的学生与肢体和语言发达的学生反应不同。因此，教师因材施教，随时变换教学方法，综合运用多元智能理论可以达到更佳的教学效果。多元智能理论提出，把每一名学生都当成天才来欣赏与培养，它重视每一名学生的智能优势，旨在挖掘每一名学生的智能潜力，满足每一名学生的学习需求，促进每一名学生的发展。例如，多元智能理论建议，可以经常发动学生自主开展一些文体活动、社会实践活动，对每项活动都进行过程和结果评价，让学生在活动中找到自己的闪光点，增强学生的自信。多元智能理论指导教学实践，可以充分发挥学生的才智，为学生的个性化发展铺平道路。教学需要面向众多有差异的学生，这就要求教师使用不同方法来调动学生的学习自主性，即教学方法多样的目的是让学生成为学习的主体。同时要采取多元的评价手段。例如，建立“档案夹”，把学生的每一项成果、一点一滴的进步都装进去，让每一名学生都感觉到“我是有希望的，我能够成才”。要以赏识、肯定为基调，专项评价与综合评价相结合，对学生多一点指导，少一点指责；多一点锻炼，少一点包办；多一点商量，少一点限制；多一点信任，少一点怀疑。

1. 高职学生学情复杂，多元智能理论能帮助每一名学生树立学习信心

2004—2006 年，经过对湖北、河南、山东、北京等地高职学生的长期调查发现：部分高职学生学习状态欠佳、学业水平差异显著；学习习惯欠缺训练和引导；学习兴趣、学习动机、学习方法都存在问题。其原因有以下几点：一是目前高职生源多为学习习惯差（主要是不良的学习方法和学习习惯导致学习兴趣低、学习信心和动力不足）的学生；二是高职院校一

般管理较为宽松，再加上部分高职学生自控能力较弱，他们不仅不会将课外时间用于学习，反而会本末倒置，将学习时间用于与学业无关的琐事；三是由学情、校情和教情决定的高职院校教学方法和模式创新不力，改革阻力重重。

首先，多元智能理论强调每一个人都是人才，智能虽有差异但是不分优劣。“多元”是相对于“单一”而言的，人类具有八项彼此独立的智能，这些智能可以组成千万个相同或不同的组合，即多元智能理论强调要正确看待人类的个体差异这个普遍存在的客观事实，如果人们承认和重视个体差异，承认不同的人具有不同的认知能力和认知方式，教育将会更有效率。其次，多元智能理论强调，智能不仅具有文化性和情境性，也具有创造性，是动态发展的，即人的智能具有可塑性。人类在发育、成长的时候，智能也在不断发展变化。发展多元智能的实质是培养每个人在新的情境下的创造性，从而更好地适应和改造环境。推行多元智能理论，是要提醒人们关注并公正、全面、理性地看待学生，尤其是正处于生长、发展、可变因素多等关键时期的青少年。那种认为高职学生是“差生”的观念，以及给青少年贴“标签”的做法，与现代教育观念相悖，也是对智能、对人性的误读。正确理解多元智能理论的基本理念，并把这些理念传递给高职学生，有利于帮助他们树立学习的信心，培养他们发展各自优势智能的兴趣。

2. 高职英语教学的特殊性需要多元智能理论的指导

如果没有大量的锻炼机会和适合交流的语言环境，学好英语绝非易事。高职英语课堂一般班额较大，学生在课堂上开口说英语的机会非常少，语言实践明显匮乏，课堂实践活动效率不高。因此，为了达到教学目标，使学生更有效地学习和掌握英语，教师除了要精心备课和设计教学过程，也要深入研究课堂活动方式，恰当的教学活动方式有利于教师取得良好的教学效果。目前，用普通教育的观点和标准看待和要求高职学生的现象仍然普遍存在。有些人认为高职学生大多基础知识薄弱，否认其智能，甚至有些教师对高职学生的期待值较低。因此，更新教育观念，树立正确的智力观、学生观、发展观是高职教育工作者的首要任务，是办好职业教育的关键。根据高职英语教学的特殊性，可以从以下方面发挥多元智能理论的作用。

第一，更新智力观。我国的应试教育历史悠久，在传统的智力观下，学生的多元智能未能受到足够的尊重和重视，高职学生就更不必说了。具体体现在学生的应试能力强，但应变能力、适应能力、抗压能力和动手能力等方面表现一般。这是我们必须深刻认识并彻底改革的。多元智能理论提出智能的多样性、广泛性、同等重要性，这对更新传统智力观意义重大。

第二，完善学生观。多元智能理论指出，每个人都有其独特的智力结构、认知和学习方式，对所有学生采取“一刀切”的方式进行教育的做法并不合理。因此，高职教育必须坚持以学生为本，一切教学活动应该以学生的学习和发展为核心；高职教育应为每一名学生提供均等的发展机会，建立多元化的教学模式，以满足不同学生的不同学习方式的需求；高职院校需要以合作的方式和社会接轨，与企业建立密切的关系，使学生有机会获得广泛的实践经验，使学生的学习与生活建立真实而完善的联系。每一名学生都有闪光点和可取之处，教师应从多方面去了解学生，并采取适合其发展的教学方法，使其优势智能得到充分发展。

第三，重塑发展观。学校教育的根本宗旨是开发学生的多元智能并帮助其发现适合其智能特点的职业和爱好。每一名学生都有不同的生理潜能、人格潜能、智慧潜能，教育应尽可能地发掘每一个人的潜能。当每个人都能挖掘出自身的潜能时，他们必将在认知、情绪、社会等各方面展现出前所未有的积极变化。

二、多元智能理论视野下英语教学的具体策略

（一）采用分层、分组教学

现行高职英语教学采用的班级教学法，在很大程度上已不能适应高职学生的学情，现将教学过程改革的思路分述如下。

依据学生的个性差异，改变过去统一教学计划、统一教学模式、统一教学要求的方式，把学生按照学习目标、学习水平、学习基础等因素划分成不同层次。每层采用不同的方法进行教学。分层教学的实质是通过学生学习个性化和教师教学非同步的方式，创造出适合每一名学生的教学方式。其目的在于：使学生得到全面发展，让学生主动发展。依据高职英语教学现状，笔

者借鉴前人的研究成果进行了如下分层。

学生分层。依据学生的学习基础、学习态度和学习能力等因素进行分层：第一层，英语基础扎实，学习态度好，学习能力强；第二层，英语基础一般，学习态度一般，学习能力偏弱；第三层，英语基础薄弱，学习态度不积极，学习能力弱。

目标分层。依据学生的学习程度和教学内容，制定不同层次的教学目标，并依此对不同层次的学生提出不同的要求，使每一名学生都能在自己的能力范围内完成学习任务，提高对英语学习的信心，形成良好的教学与学习氛围。例如，与英语基础知识相关的活动如单词背诵、文化常识分享等交由第三层的学生完成；涉及英语简单语法和稍有挑战性的任务要求第二层的学生完成；涉及较难语法和难度较大的任务要求第一层的学生完成。

评估分层。学生的学习效果也需要分层评估。针对不同层次的学生制定不同的评估标准，让每一名学生都能在自己的努力下获得教师的认可，以此激发学生的学习动力。让不同的学生在不同的平台上共同进步，达到所有学生都愿意学习英语、喜欢学习英语的效果。

分组教学。教师根据学生的智能发展情况和学习情况，对学生进行合理的动态分组，分组的时间、目的、主旨等可以灵活调整。在这样的开放性分组合作中，各个层级的学生都能发挥其优势，都能得到发展；并且教师能根据分组情况和小组的任务执行情况，及时发现每个团体中有特殊需要的学生并给予帮助，让学生感觉到归属感和被尊重，进而形成良好的生生互动和师生互动，让师生关系更加和谐。学生在这样的学习氛围下也更易形成健全的人格。

在教学中通过多元智能理论的指导进行分组教学实践的情况整理如下。

（1）课前准备阶段

第一种分组方式是依据教学内容需要，将学生分为语法组、听力组、会话组、练习组、朗读组、写作组、翻译组、创新组。将语法基础较好的学生分到语法组；将英语听力有优势的学生分到听力组；将喜欢与人进行英语交流、性格外向的学生分到会话组；将性格内向但做事细心稳重、英语学习态度端正的学生分到练习组；将英语基础一般但能进行课文认读的学生分到朗读组；将英语写作能力较强的学生分到写作组；将擅长汉语语言组织和英语语言组织的学生分到翻译组；将自认为英语各方面较弱的学生分到创新组。

第二种分组方式是依据学生的兴趣、特长，将学生分为专业组、影视欣赏组、诗歌朗诵组、歌曲组、新闻组、美文欣赏组、表演组等。

（2）课堂教学阶段

课堂教学可以分为两部分，一部分为“课前十分钟”，另一部分为“知识学习”。

课前十分钟：由第二种分组方式中的各个小组准备相关信息，利用课前十分钟进行分享，并让其他学生对该组的分享内容进行点评、讨论等。例如，专业组可以分享专业词汇、专业信息等；影视欣赏组进行英文电影配音、电影推荐等；新闻组可以对热点新闻进行中英文播报，并设置记者现场采访，鼓励学生表达自己的观点；表演组可以将课本内容改编成话剧，表演出来。

知识学习：由第一种分组方式中的小组准备相关信息，各小组各负其责，各司其职。当教师在进行听力教学时，听力组学生要负责听力材料整理工作。教师在讲授对话时，依据对话难易度，当场或提前分配任务让会话组进行角色扮演或情境模拟练习。如《新编大学实用英语教程》第一册第一单元的内容是自我介绍，会话组的同学可以用英语进行自我介绍，也可以模拟同一寝室同学初次见面时的情景进行对话。在讲解课文阅读部分时，给学生充分的时间自查自学，例如，让语法组找出课文中的重点语法，小组中每人负责一个语法点，自学之后还是有疑问的可以通过小组成员讨论解决或由教师辅助讲解，然后由该小组成员向其他学生讲解；阅读组每人负责阅读一部分课文，要求阅读流畅、语音语调正确等；翻译组负责课文翻译；练习组负责讲解课后习题，若有难点，经小组讨论后仍无法解决的由教师辅助讲解。写作部分讲解后，写作组成员需要完成一份与本单元相关的作文。如果是本单元讲解邀请函写作，则一部分成员写非正式的邀请函，如生日邀请函、聚餐邀请函、植树节活动邀请函、周末聚会邀请函等，一部分同学写正式的请柬，如讲座邀请函、婚宴邀请函、某公司周年庆邀请函、公司洽谈会邀请函等。

（二）第二课堂——英语学会

部分高职院校的基础教学部和英语教研组非常重视英语教学改革，专门成立了由英语教研室主导的学生团体——英语学会，会长由英语教研室组织能力较强的英语教师担任，教研室主任配合会长工作，共同进行活动决策；其他教师为学会顾问，职责是对学生的问题进行解答、参与活动策划及担任活动评委等；学会具体工作由学生负责，在大二学生中选拔两位副会长，下设秘书处、学习部、策划部、宣传部、外联部等。通过各部门的职责分配、活动策划等锻炼学生的团结合作能力、组织协调能力等。学会每年招纳英语学习爱好者，组织多样化的活动，以增强学生学习英语的信心和兴趣。

1. 学会日常事务

第一，教师监督下的每周例会。首先，由会长在每周例会上统一汇报学生学习上的问题，这些问题可以是教师发现的，也可以是学生反馈的。会后，由秘书处整理后交给英语教研室教师，教研室教师不定期举行讲座来解答学生问题，如针对学生考证可以举办英语考试讲座。其次，鼓励会员自由表达对学会的意见和建议并予以落实，如多数会员提议每周进行一次影视欣赏活动，则应落实这一提议。最后，支持各部策划组织英语相关的活动，目的是增加学生的活跃度，吸引学生学习英语。

第二，口语角的晨读活动。每周在口语角进行两次晨读活动，口语角可设在校园一隅或多媒体教室内。活动内容可以丰富多彩，如经典国学的英语翻译阅读、美文阅读、演讲稿阅读等。

2. 学会赛事

学会可以通过举办与英语相关的活动，如演讲比赛等，为学生提供展现自我的舞台，同时激发学生学习英语的兴趣，增进学生学习英语的信心。笔者所在学校的英语学会在成立之初举行了高职校园英语演讲比赛，参赛者以饱满的热情撰稿书写自己的“大学梦”。此外，前来观看比赛的同学也被现场气氛感染，在他们的要求下，比赛中间穿插了英语歌曲节目。整个活动从筹备到结束，校园内英语学习氛围较浓厚，时常能看到学生在校园道路上、花坛边、草地上读书的身影，能听到他们不太纯正甚至带着浓厚家乡口音的读书声，但是通过教师的指导，参赛学生能意识到自身英语学习的不足之处，并积极改正。

3. 学会晚会

英语学会的会员可以进行节目构思、策划、排练，所谓“台下十年功，台上一分钟”，最后选出优质节目在学会举办的西方节日晚会上表演，如万圣节晚会、感恩节晚会等。节目形式多样，如电影配音、英文话剧、英文诗歌朗诵、英文歌曲演唱等。除此之外，英语学会的优质节目也可以在全院各种晚会中进行表演，如迎新晚会、元旦晚会等，向全院师生展现英语的魅力。

英语学会创办的宗旨就是“以英语之名，通过学会活动锻炼学生各项智能”，入会条件不以英语成绩为标准，而是注重学生对英语的兴趣。实际上，英语只是一个媒介，通过这个媒介，学生能够获得多项智能的发展，甚至挖掘出其本身具有的优势智能。学会是一个团体，需要学生通过合作来组织活动，这能够培养学生的团队精神；学会也会尽量让更多的学生来担任学会的重要职务，锻炼学生的组织协调能力，培养学生的人际交往智能和自我认知智能；学会给有着语言智能优势的学生创造良好的语言锻炼环境，同时为那些有其他智能的学生提供发挥智能优势的平台，最终在强化自己优势智能的同时，提高英语学习兴趣。

（三）改革教学评价方法

在运用相关教学策略过程中，为了保证学生积极参与，可以参考以下内容对高职英语教学评价方法进行相应的改革。

第一，评价方式多样化。对高职学生的评价应突出“职业能力为本位，素质教育为基础”的观念，职业教育教学质量的标准应参考学生毕业后的就业情况。职业岗位需求是多样化的，高职院校的教学质量标准也应该是多样化的。因此在评价中，既要注重形成性评价，也要注重结果性评价，既要注重标准参照评价，也要注重本体参照评价，并将评价结果及时反馈给学生，帮助学生改进学习方法及状态。一般而言，高职英语的期末成绩是由期末考试卷面分数加上日常考查分数两部分组成。学生参加课堂内外活动的表现归入日常考查分数，其中出勤和作业完成情况占日常考查分数的20%，课堂表现（问题回答、课堂任务完成情况等）占20%，课前十分钟活动占30%，小组活动占30%，前两项由教师登记打分，后两项则依据每次活动情况由各小组组长和教师共同评分得出，此外还有额外加分，即学生参与学会或学院其他团体活动展现了英语学习成果的可以酌情加分。学生在课堂上的语言、动作等都可以成为教师评价学生的依据，这样更能鼓励学生积极参与到课堂教学中，以不同的方式向教师展现自己的学习成果。多元化的评价方式可以让不同智能优势的学生和不同发展水平的学生体会到成功的喜悦，从而帮助学生提高自我认知能力，形成积极的自我概念。

第二，评价主体多元化。首先，多元智能理论提倡学生进行自我评价。在评价过程中，除了教师这一权威评价，更应该由学生自己进行自我评价，尤其是高职学生多数已经成年并有着自己的思想，学生准确的自我评价可以帮助学生进行自我反思和自我调节，促成学生的自我发展。其次，教学过程中的学生互评对学生的发展有着积极的作用。比如，课堂活动之后，小组成员之间互评，其他小组参与评价等，或英语作业由小组长收齐检查、评分等，不仅有利于学生巩固知识，也有利于学生自我管理，还可以加强师生之间的沟通交流，帮助教师快速掌握学生学习情况。通过评价他人，学生可以学习其他人的优点和长处，而倾听他人对自己的评价，可以帮助学生形成正确的自我认知。

第三，综合性评价。当前高职院校普遍采用总结性评价的方式对学生进行评价，使用这种评价方式的结果是部分学生无法真正掌握知识。有效的评价应该是贯穿整个教学环节的。笔者所在院校每位任课教师针对每个班都有一本“教师手册”，里面有所有学生的名单、出勤情况、作业完成情况及课堂表现等的记录，根据这些实时记录，任课教师对学生做出更全面的评价。通过对学生英语课内外的整体表现进行评价，可以充分调动学生学习的积极性，也有助于英语语言学习回归其本质。

（四）基于多元智能理论培养学生各项能力

第一，利用语言智能，培养听、说、读、写、译的能力。语言智能是对所学语言进行有效的听、说、读、写、译等活动，包括把文法、音韵学、语义学、语用学等结合在一起并完成思想表达、与人沟通、了解他人的能力。它是学生学习和掌握语言的结构、发音、意义、修辞等，进而加以应用的能力。语言智能的发展对高职学生取得任何学科的成功都有显著影响。语言智能强的人常在谈话时引用从他处获取的信息，他们喜欢阅读、讨论及写作。对他们而言，理想的学习环境最好有下列教学材料及活动：阅读材料、音频材料、写作工具、对话、讨论、辩论等。在高职英语教学中，教师应有意识地为学生设计相关的教学活动，尽可能为学生创造有利于培养语言智能的理想学习环境，比如利用单词游戏、英语辩论、编写或改写英文故事、英语朗诵比赛、英语演讲比赛、英语作文比赛等活动，激活学生对于英语学习的热情，鼓励学生涉猎教材以外的资源（词典、英文报刊、图书馆资源、互联网信息等），提高学生的认知能力。

在听力方面，要训练学生听的有效性，如训练学生在听的过程中判断内容、抓住中心主题，在听后针对重点内容进行概括的能力；训练学生使用尽可能少的文字做笔记、记重点的能力。在口语方面，要鼓励学生用英文复述和讲述故事；模拟真实情境，要求学生运用英语解决问题，如问路、购物、借书等。在阅读方面，教师可给学生推荐课外阅读材料，阅读材料必须是学生感兴趣的并且难度适中。在泛读中，词的复现可以促进语言的学习和掌握。在阅读过程中根据上下文猜测词义，既能提高阅读能力，又能扩大词汇量。在写作方面，除了要求学生完成课堂布置的写作任务，还可鼓励学生写英语日记，这既可提高学生对所学英语知识的运用能力，还可在潜移默化中锻炼学生的自我认知智能。总之，通过训练学生在语言各方面的能力，能够促进他们的发展，强化他们的语言智能。

第二，利用逻辑－数学智能，增强逻辑思维能力。逻辑－数学智能主要指使用数字、推理和抽象思维，分析与归纳问题的能力。逻辑－数学智能较强的学生喜欢提出问题并进行探索以寻求答案；喜欢寻找事物的规律及逻辑；对科学的新发展有浓厚的兴趣，对可测量、归类、分析的事物比较容易接受。对这类学生而言，可为其提供配有下列教学材料及活动的理想学习环境：可探索和思考的事物，科学资料，参观博物馆、天文馆、植物园等场馆的活动。英语同样可以锻炼逻辑－数学智能，例如在设计高职英语阅读课时，可指导学生根据语篇线索猜测生词词义，厘清句子基本结构，整合文本意义；根据语篇中已知的信息推断故事情节的发展；根据字面意思、语篇的逻辑关系，以及细节的暗示，分析作者的态度和语气，深层理解文章的寓意。在阅读训练中，采用不同的提问策略、提出开放性问题、让学生预测逻辑结果等，能够增强他们的逻辑思维能力，使逻辑－数学智能在思考和学习中发挥更大的作用。

第三，利用空间思维智能，培育创造力与想象力。随着科技的进步，语言学习不再简单、枯燥，语言教学可以利用各种图像手段，如电影、电视、投影、图片、图表及多媒体网络资源等体现视觉空间关系，或利用实物进行现场教学，使教学内容视觉化，以增强学生对语言的感悟能力。空间思维智能指立体化思维的能力，包括用视觉手段和空间概念来表达情感和思想的能力。空间思维智能较强的学生善于运用想象力，有很好的结构感、色感。因此，在高职英语课堂设计中，采用电影、电视、投影、图表等形象化工具辅助教学，有助于激活学生的空间思维智能。利用真实空间进行直观教学是培养学生空间思维智能最直接的手段。利用二维平面内的空间关系，创设图表空间，可以把教学内容视觉化。讲解或呈现说明文时，可设计流程图、矩阵图或层次结构图来呈现文章的主题和主要概念；讲解或呈现叙述文时，可以采用视图化大纲或网络图，有助于厘清课文脉络和要点。图表还能用于分析或解释词汇的语义关系、句法关系、文本的篇章结构等非空间问题。把原本不是空间问题的情况用空间图表的方式来处理，一是有利于解决问题，二是可以激发学生的创造性。此外，通过创设图表空间，还可以把枯燥的教学内容视觉化，直观地呈现文章的主题和主要概念，使复杂的文字陈述形象化。这不仅可以培养学生将视觉和空间的想法具体在大脑中呈现出来的能力，以及利用空间图示找出方向的能力，还能强化学生用意象及图像来思考的智能，启发学生的创造力和想象力。

第四，利用音乐智能，增强语感和语言文化的熏陶。音乐智能主要指对节奏、音调和旋律的感悟能力，以及用音乐表达思想感情的能力。音乐智能较强的学生通常对音乐的力量和结构很敏感。研究表明，听歌能够促进目的语的输入、内化和习得。高职学生大多已有多年的英语学习经历，并且具备了比中小学生更为丰富的语音和词汇知识，因此演唱英文歌曲，既可以提高学生对音乐的理解力，增强其节奏感，又可以学习和巩固语音、语法和词汇知识，还能激发学生学习英语的兴趣。利用教材或课外的音乐资源，把音乐与教学内容有机结合起来是培养学生音乐智能的主要渠道。音乐本身就具有放松身心、提升创造力等功能，因此利用音乐学习英语不仅能活跃课堂气氛，提高学生的学习热情，使学生在轻松愉快的环境中学习、掌握语言材料，还能提高他们对节奏、音调、旋律或音色的敏感性，培养、开发和强化他们的音乐智能。英文歌曲本身也是英语语言及英语文化的载体，以音乐为媒介来学习语言，可以让学生在欣赏优美的音乐旋律的同时增加词汇量，增强语感，增进对语言文化的了解。相关的教学方式有听主题音乐或背景音乐，唱与教材同步的英文歌曲或与生活联系密切的歌曲。教学步骤为：先听歌曲，呈现歌词，讲解歌词的语法、句法和词汇，分析歌词内容，然后学唱。

第五，结合身体-动觉智能，在高职英语教学中体现“在做中学”。语言学习的过程实际上是一个包括听、说、读、写等多种行为的动态过程。有资料显示，人类知识的百分之七十是在与肢体动作相关的活动中获得的。身体-动觉智能指个体控制肢体、运用动作和表情来表达思想感情和解决问题的能力。身体-动觉智能较强的学生具有较好的反应能力，他们喜欢参加体育活动，动手能力强，擅长手工操作。高职英语教学应尽可能地为学生创设动态学习环境，让学生动起来。大学阶段的英语教材很少利用动觉和学生的肢体语言来展现内容，这就需要教师提前进行设计，利用教学内容，创设动态化的环境，给学生提供肢体运动的机会。教师还可以利用原版录像带，引导学生观察、理解、模仿肢体语言，比较英汉肢体语言异同，积累用肢体语言表达思想的经验。

第四章　建构主义视野下英语教学研究

第一节　建构主义概述

一、建构主义的来源追溯

建构主义提出以人的思想"创造"或者认知事物，是认知主义的进一步变革。建构主义和认知主义在哲学方面互通，它们都强调和要求主观和客观的一致性，但建构主义更加突出主观性。社会环境是单一而客观的，可是每个个体的理解是由自己决定的，会因个体的经验、认知、学习等不同而有所差别。建构主义要求教师不一定按照固定方式教授学生，而是可以借由工具等，为学生创造便利的环境和条件，激发和促进学生的主观认知。知识只是一种对客观存在的解释，也可以理解为假设，个体对世界的认知依赖于自身的认知结构，因此理解变成一种主体的经验或者主动性的建构活动。学习知识和认知世界是由个体基于自身经验建构起来的，因此主观性和主动性就是建构主义的特色。

建构主义是一种新的学习理论思潮。教育学家杜威对在心理学上运用建构主义进行过探究。他提出了经验学习论，认为一切知识都通过经验而获得，并在经验中得到验证。瑞士心理学家皮亚杰对建构主义的影响更为深刻，他提出的儿童认知发展理论认为，儿童是在主客观环境中，不断认知并获得经验，从而达到稳定状态的。这种理论也得到了科恩伯格的认可。斯滕伯格和卡茨强调个体主动性对于建构的作用，并进一步研究了如何加强个体的主动性。著名的教育学家维果茨基提出了有名的"最近发展区"理论，完善了建构主义的核心思想。20 世纪末期，布鲁纳将维果茨基的思想传入美国，加快了建构主义的发展。到了后期，建构主义可以说是欧洲宣扬的主要思想之一，这种思想一度影响着很多区域的改革。

建构主义坚信，知识是从个体的角度出发的，学习是一个建构认知的过程。同时，建构主义强调个体思想的重要性，以便让个体更好地创新和拓展。从个体的角度出发，个体可以依赖经验去认知和感受新信息、新事物，这样，知识就变成了个体和外界环境相互交换、相互作用的结果。个体对所有新事物的学习和理解都源于个体的经验所得。

在教育领域中，建构主义的出现被认为是“当代教育心理学的一场革命”。建构主义认为，在教育过程中，以接受者为主体，也就是以学生为主体，它既强调学生自主学习的重要性，也强调教师协调配合的重要性。教师变身为陪同者、见证者，而不是传统意义上的授业者、要求者。建构主义要求学生自主学习，而不是被动接收知识内容，学生可以用建构思想去学习和创造。在这个过程中，学生要自主完成信息和资料的收集，对于所学的知识要进行多方位的验证和考察，要学会把新的认识转化为与已知事物的连接，并能够对这些知识进行认真的思考和反馈。建构主义需要教师更好地激发学生对学习的兴趣，即刺激学生主动联系已有的经验和认知，增强学习动机，通过创建出的知识连接和新旧内容的互动，强化新知识，并在建构主义的指导下促进新知识的发展。

二、建构主义学习理论

建构主义是一种理论思潮，而不是理论流派。时至今日，对于建构主义，“一千个读者就有一千个哈姆雷特”，但是建构主义大体可以分为四种基本类型。

1. 激进建构主义

冯·格拉塞斯费尔德是激进建构主义主要代表人物。激进建构主义有两条基本原则。

①所学习的内容不是外界传达给个体的，而是个体主动建构的，整个过程就是旧的、之前的经验，影响着个体所学的新内容的建构，最后两者通过相互作用而融合起来。

②个体需要不断反思内在的经验和动机，完善自己的观念，而不是去发

现或者探索客观事物。正如很多心理学家都想要验证一切客观事物都是我们的主观建立，包括这个世界，那是因为所谓的客观世界一定会带有个体的主观色彩。

激进建构主义认为，客观存在的环境是个体不能掌握的，我们要做的就是建构认知，用建构的认知去解决问题。但是我们要了解一个事实，世界是动态发展变化的，我们永远无法完全理解这个世界。同时，个体是不断进步的，这也是个体的发展规律，个体所学习的内容最后会融合在一起，建构成让我们更好地理解世界的经验和认知。

激进建构主义就是用这样的观点去研究事物，完善理论框架，成为独当一面的深入性建构主义研究理论。但这种建构主义更多的是在静止或者单一的环境下进行研究的，相对于我们广泛关注的社会性而言，还有一定的局限性。

2. 社会建构主义

和激进建构主义不同，社会建构主义是更为平衡的观点。社会建构主义以维果茨基的理论作为基础思想，以鲍尔斯费尔德和库伯为代表人物。它提倡，知识中所谓的客观存在和绝对正确是不全面的，因为知识有一定的转换性，没有哪个知识点可以在完全不改动的情况下保证有效、稳定。它也提出，世界是比较独立、固定、理性的存在，学习的新知识必然会与已有的知识产生关联，知识是人为建立起来并且用于社会的一种工具，时刻在改变，因此尽管认知无法随之时刻改变，但我们通过学习能够向这一目标前进。

社会建构主义把学习当作一种思维和认知。实验表明，知识包含了主体认知学习和研究，在这个过程中，个体能够创造出属于个体自身的意义和价值。在不断地认知学习后，学生能够在帮助者的帮助下或者在人际交往过程中，解决问题或者模仿着处理事务。在这个过程中，不断趋于成熟的认知把旧的经验替换成新的内容，这会让学生更理解帮助者身上的已知经验和未知经验，学生再通过自己的探索形成不成熟的建构，在不断的转换练习实践中完善认知。

提到社会建构主义，就不得不说另外一种教育研究——社会建构论。社会建构论以美国社会心理学家格根为代表。格根认为，社会建构论的关键是人类的语言积累。他认为，人类语言积累下来的内容比较符合大众的思维和认知。课本中的文字表述、教师的语言、学校里的专家演讲等，都能体现出语言的魅力。语言是传播内容的媒介，其意义在于交流和积累经验。举例来讲，日常生活中和他人讲述的每一段话，都暗含着传播信息、相互学习或者相互影响的需求。

语言是丰富的，它需要在不同的环境下，展示出不同的内容含义。传统的认知认为，真理不具备背景环境，它是一种超越常识和环境的心理表征。社会建构论则不同，它基于心理学分析，认为认知是不断发展的，最终形成一种社会性的建构。这种建构受特定环境的影响产生不同的要求，能够为主体提供更为完善的思维认知。

人类所处的社会包含万物。社会对于我们的认知而言就是一种环境、一种背景，甚至可以理解为一种要求，我们讨论的建构主义并不是抽象性、理解性的概念，而是多元化、多样式的社会现象，多数社会现象以我们所理解的语言形式出现，我们凭借自己的经验认知而做出选择和学习，对于教育学来说这是很关键的，因为从本质上来说，教学就是一种语言内容。这种特定的、具有指向性的语言要求，也是建构主义的一个延伸方向。每个科目研究的内容都是不同的，而语言的意义仅在当下的环境中更为有效真实，因此教学活动中使用的各种语言文本就是建构主义的思想积累，这是由教师和学生的双向互动形成的。

格根认为，教学活动应该做出适度调整，尤其重要的是不必刻意强调所谓的权威。在传统教学中，教师是一种形象化代表，被默认为真理的代言人、权威的领路者，因为他们能够在课堂上“自如”展现知识，仿佛任何事情都不能难倒他们，或者说，教师时刻保持着超越学生的能力。从建构主义分析，这种有代表性的权威不是个例，而是社会环境附加给教师的职业特征，是教育部门和其他多种因素把教师放在了这样的位置上。我们要了解，教师并不是万能的，只不过教师积累知识的过程很大程度上被弱化了，从而导致教师成了“书本”的化身，让学生把教师和“全能”画上等号。一个很明显的例子是，教师在教学之前，需要备课，需要利用各种道具和信息来帮助自己优化知识框架、简化知识讲解等。

教学的前期活动是在课堂之外准备的，这会隐蔽学生和课堂环境。而不了解教师的前期准备，学生就只能在课堂上被动接收教师准备好的知识点。

要想消除教师的权威，可以让学生参与课前准备，或者直接在讲台上做准备，以便让学生完整地体会这种建构过程。将建构中需要的语言和环境放在课堂的教学活动中，才能对学生的思想建构起到作用。教师要明白教学改革的含义所在，以便更好地实现身份转换，成为一个真正意义上的协助者，而不是传统的鞭策者、要求者。

要打破传统权威，教师要做到以下几点：第一，根据学习内容提供足够的知识和见解，帮助学生分析和整理知识点；第二，作为资源的提供者而不是主导者，捍卫学生表达不成熟甚至不正确的观点的权利；第三，对于需要注意的内容，为对应的教材做注解。

这样学生就能够明白自己在学习过程中的位置，更理解“如何做”。例如，学生可以利用网络收集资料，综合整理出观点，解决提出的问题。这样就完成了建构主义模式下的教学活动。在这个教学活动中，教师和学生都能够找到恰当的位置，共同为教学目标努力。教师以协助者的身份引导、帮助学生，学生通过互动和自己的思考积累知识、完善自己的知识体系，两者相辅相成。

3. 社会文化取向建构主义

社会文化取向建构主义认为，知识与学习积累是在特定的社会背景下进行的，不同的实践活动也是不同知识的来源，因此它侧重于研究不同时代、不同情境下个体的学习情况。个体可以将之前的经验和认知作为学习的基础，通过一系列的活动认识到问题所在，最终达到活动的目标。

教学活动其实就是一场社会性的交流，这种交流就是为了达到某种目的，例如为学会某知识点而进行的实施性活动，在活动过程中，学生通过解决问题或者探索如何解决问题，可以学习和积累某种文化。学生在学习中遇到的各种问题和想到的各种解决方式是自己主动探索的结果，或者是借助教师的引导进行多角度分析的结果。这就是社会文化取向建构主义提倡的师徒式教学模式，就像是工厂里有经验的师傅去协助自己的徒弟一样。这种模式能更好地促进学生进行创新和学生认知的发展。

4. 信息加工建构主义

信息加工建构主义从个人的角度研究学习和认知，其研究范围局限于个人的头脑，因此信息加工建构主义将学习描述为：总结个人经验而不断加工个人理解和知识的过程。信息加工建构主义认为，要为学生提供建构理解所需的基础，并要给学生留出广阔的建构空间，以便他们根据具体情境采用适当的策略进行学习。从某种角度说，信息加工建构主义又前进了一步，但是有一个非常重要的前提：信息是提前存在于某种环境中的，而主体要先认知接受，才可以在自我心理上进行新一轮的加工和积累，更新的信息才能够得到完善。在这个过程中，也不能单纯认为这是新旧知识的融合作用，而是强调我们具备了新的知识。

信息加工建构主义虽然还在坚持着信息加工的模式，但也认可知识由个体打造，并格外强调知识之间的相互作用。很大程度上，个体以旧的知识经验为基础，反复调整、改进，形成新的知识，完成新的内在供给。这种建构主义认知灵活，自由度高。

这些理论是不同的学者根据各自的思维理解在建构主义的基础上建立起来的，被引入中国后很快就敲响了改革传统教学的警钟。

很大程度上，建构主义的实施就是一次轰轰烈烈的改革，也是一个更为先进和符合时代发展的教育与教学理念革新，为教育与教学打开了一扇新的大门。

个体的认知发展与学习过程密切相关，建构主义可以比较好地说明个体学习过程中的认知规律。建构主义学习理论的重点之一就是学习。学习中尤为重要的是社会文化背景，而在这种社会背景下，我们要通过与他人协作来完成知识的建构过程，由此产生了学习的四大要素。

①情境

构建学习环境必须注意一点，就是情境要利于学生对学习的建构，这就为教师的教学设计提出了新的要求。这可以理解为，在这种学习情境下，教学设计的内容不仅要考虑能否达到最终的教学目标，也要关注学生是否具备自学能力，能否独立解决问题。

②协作

这部分决定着学习的开始和结束。学习内容的收集、分析、求证、实验、创新等都涉及协作。

③会话

这部分直接影响着学生之间的协作、学习、研讨。通过会话这个环节，学生能更好地掌握知识，更好地认知，更好地提升内在，更好地建构学习内容。

④意义建构

整个学习过程的终极目标就是完成意义建构。意义建构就是要认识到当下学习内容的性质、规律，以及事物之间产生的必要的联系，要与内在的旧知识点产生融合互动。这种认知在大脑中的长期存储形式就是“认知结构”。

三、建构主义教学模式

建构主义作为一种全新的理论，让教学得到了创新和发展。建构主义教学模式强调以学生为主，它不仅提出学生应该从被动灌输者转换为信息处理的主动者，也提倡教师应该从传授者变成为学生的帮助者、协作者。这就要求教师在教学过程中，采用颠覆性、创意性的教学方法对传统的教学内容、教学思路进行创新，形成全新的教学模式，同时创造出建构主义环境、建构主义理论，设计新的教学方法、教学思路和教学模式。

建构主义教学模式要求颠覆传统教学主体。传统教学的主体是教师，被动者是学生，而建构主义教学模式则要求主体是学生，帮助者为教师，整个教学活动由教师发起，然后利用情境、协作、会话引领学生进行内在建构，使其完善认知，进行知识的融合。

建构主义教学有以下几种。

1. 支架式教学

支架，或称脚手架，原本是为了保证施工过程顺利进行而搭设的工作平台，后来被应用到教育研究与理论中。在建构主义视野下的教学模式中，支架式教学是较为成熟有效的教学模式之一。

支架式教学主要强调以教师的帮助为支架，学生主动学习、探索，当学生达到学习目标后可以“拆除支架”，即在没有教师辅助的情况下学生也可发挥自主性，自主学习。支架式教学强调以学生为主体，根据学生的需要和发展水平为学生提供有针对性的支持、引导和协助，帮助学生完成知识建构。

支架式教学具有以下特点：

一是可调节性，“支架”的设置不能脱离学生的实际情况，而不同学生会有不同的需求，因此“支架”是可调节的，如对英语基础较好的学生，可以调节“支架”高度，让学生通过思考、总结等实现能力的提升；

二是暂时性，“支架”不会永久存在，它只是辅助学生解决问题、提升能力的工具，当学生达到一定的学习目标以后，可以拆除“支架”；

三是渐消性，“支架”的拆除是随着学生学习目标的达成和能力的提升逐步拆除的，教师应该根据学生的学习状态、学习水平等决定什么时候、怎样拆除“支架”。支架式教学是按照“最近发展区”建立和发展的，有利于创造出更适合学生的学习环境，激发学生的学习潜能。

支架式教学由以下几个环节组成。

①搭“脚手架”

结合当下的学习主题，评估教学的起点与终点，根据学生的学习情况，设计教学过程。

②进入情境

将学生带入一个场景或让其模拟一个场景。

③独立探索

让学生自主思考和研究。这部分一定要注意提供适合的内容，设定好要求，要从由教师掌控到逐渐放手，让学生自主去分析理解。在这个过程中，教师可以分步骤提示或者给予帮助，但仍然要以学生自己探索为主。

④协作学习

协作学习即进行小组协商、讨论。讨论的结果可能是矛盾的，也可能不是，但只要积极参与其中，学生就能够完成所学内容的意义建构，包括认知的提升。

⑤效果评价

评价包括个体自我评价和在小组学习中对他人的评价。

2. 抛锚式教学

这种教学和学习表演很像，需要个体能够处于或者理解当时的情境，通过建立共情解决问题。建构主义认为，学习者如果想要达到真正意义上的建构，就一定要真实地去感受、去听、去体验，然后创造出更为完整真实的环境。在教学的时候，只要求学生听课或者写作业无法完成真正意义上的建构。抛锚式教学由以下几个环节组成。

①创设情境

以便于在学习中更准确地模拟出想要的情境。

②确定问题

在建立好情境之后，由学生自己选择符合当下主题的内容作为学习的目标或者认知的“锚”点。

③自主学习

自主学习是完成建构内在动机的重要因素，它决定着外化知识如何转换为学生自己的经验，也决定着学生能否掌握更多线索以获取有用的信息。教师可以适当向学生提供帮助，例如帮助其探索学习方法、培养信息处理的能力、定制学习进度表格、理解原有知识点等。

④协作学习

成立小组能够更好地融合、讨论、交流，通过不同观点的交锋，能够补充、修正、加深学生对当前问题的理解。

⑤效果评价

因为抛锚式教学内容已经具体呈现了问题的解决过程，包括呈现教学效果，所以不需要再额外进行测验，只需要随机观察和记录学生的情况就可以。

3. 随机进入教学

事物具有多面性和随机性。了解事物的性质、意义，实则是一件比较困难的事情，因为我们很难有宏观的格局和眼界，也很难达到客观完整性，但我们可以从很多角度出发，这也是随机进入教学的有利之处。在教学活动中，可以创建不同时间、环境、目标、实践内容、学习方式等，以便于学生按照自己的方式完成学习活动，从种种方面获得理解，完善认知。通过不同的途径、不同的学习方式进入学习活动，不是为了反复温习、机械刻板地背诵，而是为了让不同的学生根据不同的教学目标有针对性地解读侧重点，进而从多方面认知内容，让学生对所学的知识掌握更牢固，达到真正意义上的提升。

随机进入教学需要学生掌握并提高理解能力和知识运用能力。不难看出，随机进入教学对同一教学内容，在不同时间、不同情境下，为不同的目的采用不同方式加以呈现，是为了考查学习者的知识储备和知识转换能力。随机进入教学主要包括以下几个环节。

①呈现基本情境

在教学活动中，随机展示需要学习的主题情境。

②随机进入学习

学生对自己选择的内容进行理解和认知。每个学习主题都有不同的要求和侧重点，学生需要通过探索和努力，独立掌握方法，发挥自主性，建构思维，拓展认知，最后逐步掌握自我学习能力。

③思维发展训练

在开展的学习活动中涉及很多问题，教师作为连接者，一定要注意与学生的互动，这种互动不是单纯地提出问题、解决问题，或者提供帮助，而是根据实际情况帮助学生发展思维和自主认知，以便更好地建立认知模式和思维方式。这就需要教师了解学生的思维特点，引导学生多提问、多反思。教师还要关注学生的学习思路、方向和程度，有针对性地培养学生的想象力和发散思维。

④小组协作学习

小组协作学习是需要格外关注的一个环节，这个环节能够反映出很多情况，因为每一名学生的观点、和同学的讨论过程、教师的参与度等，都是可以考量和分析的内容。在小组协作学习过程中，可以综合考察、评价、分析、关注每一名学生的思路和表现，也可以让学生自我点评，或小组成员相互评价。点评和自我评价后的反思体会属于建构主义的方式，只是表现形式不同。它们都由几个重要环节组合而成：情境创建、小组协作、认知自我、会话和对学习效果的点评。这些都是我们所要理解和掌握的必要教学过程。以最终的建构认知作为内在动机，促进新旧经验的融合，以便更好地服务于教学，这是建构主义教学活动的重点环节，决定着教学目标的实现与否。

第二节　建构主义教学模式对于高职英语教学的必要性与可行性

一、建构主义教学模式对于高职英语教学的必要性

（一）传统的高职英语教学模式不能适应当前的环境

传统的高职英语学习即课堂上的语法学习和听说读写综合练习，这种方式早期用于教授古典语言，主要是为了训练学生的逻辑思维，其内容主要包括书写问题的答案等，其特点是重视句子的逻辑和成分，轻视句子本身的含

义和内容；重视对阅读能力和书写能力的训练，轻视对听力能力和口语能力的训练；突出句子内容表达的准确性，轻视练习和交际应用。这些内容比较固定，学生通过反复记忆就可以达到基本的要求。目前仍然有很多教师使用这种教学方式，教学流程就是带读课文、分析句子、分析语法内容、翻译练习、学生理解背诵。

听说法是第一个把语言和心理学结合在一起的教学方法，强调听说为主，书写次之，重视听力、口语，也比较重视实践活动。但是这种方法过分注重语言的形式，过分强调机械性练习，往往不利于学生准确理解句意，不利于提升学生的主动性和创新性，也不能为学生创造灵活的交际空间。其教学流程是教师读、学生听、教师示范、学生模仿，然后通过句子扩展练习和口语交流活动加强学生的认知和理解。

传统的高职英语教学模式比较刻板，也比较简单。教师依据书本上的内容，进行复制性的讲解，完成书本上的任务，完成教学目标。这种模式存在很多问题，例如，规定在一定的教学时间、特定的环境中完成特定的教学任务，忽视了学生的接受能力；教材是由教师决定的，很容易出现偏向性，即使出现某些问题，学生较难察觉；上课内容只是教师单方面的输出，学生被动地完成教师的要求，这容易限制学生的主动性。这种模式不能让所有学生都有效地参与教学过程，不能让学生根据自身的建构理解和掌握教学内容，对学生的发展不利。

高职英语教学的目标是帮助学生更好地掌握和理解知识内容，掌握适量的英语语音、语法、词汇，以及各个国家的文化特点；获得一定的听、说、读、写、译能力，可以运用英语口语进行交际；锻炼智力，包括创造力、想象力、表达力等。从本质上说，高职英语教学要帮助学生在正确的学习道路上前进，获得提升与发展。但事实证明，传统的高职英语教学模式已经不能适应现有的社会环境，因此尝试建构主义教学模式是进步和发展的必然。

（二）建构主义教学模式可以更完整地体现高职英语新课程标准

新课程标准是依据建构主义更新的。建构学习英语语言的环境很大程度上就是为了有效地交流，语言不仅是日常生活中的交流媒介，也是人际交往的重要条件，帮助发展学生的语言能力已经变成了新课程的一大理念。建构主义教学模式强调“情境”，一个句子即使没有语法错误，也可能出现不符合社会环境的情况。例如问候语“How do you do?”，如果见到朋友也这样问候，对方估计是一头雾水，甚至觉得你在开玩笑。因此建构主义教学模式中提到的“情境”更加贴合现代的教学方式和内容。

建构主义教学模式有助于有效信息的筛选。信息的筛选能力已经成为当前的素质教育的重要内容。高职阶段是重点培养学生各项能力的阶段，在这之前，学生需要接受更基础的教学培训，这是一种自然的连接，也是素质教育的必经之路，而建构主义教学模式其实就是将学生的认知特点和建构主义结合起来，根据需求，进一步提升学生的语言运用能力，提高学生的信息处理能力，让学生在众多的信息中更好地筛选信息。

在建构主义教学模式如此适用并逐步普及的情况下，我们需要看清一个要点，那就是传统教学带来的负面影响。单凭教材上的内容，单向传授，忽略交流和互动，要求死记硬背，必然影响学生的学习积极性和创新能力。而建构主义教学模式能够引导学生和教师成为相互学习的配合者，在这种情况下学生能更好地理解信息，能够利用已有的知识处理信息，增强自主学习能力和认知学习能力。

“场合驱动评价”也体现了新改革、新课程的评价体系，它积极倡导多元化、多样化的内容评价，要求学生在评价中建立主导地位，因为“场合驱动评价”是针对动态环境做出的评价，虽然是在不同的环境中得到的评价，但总体目标是希望学生可以在评价中了解自己的学习认知情况。由此，建构主义教学模式与英语新课程标准非常契合，建构主义教学模式可以更完整地体现高职英语新课程标准。

二、建构主义教学模式对于高职英语教学的可行性

可以这样说，自主创新是建构主义教学模式中学生学习的一大特点，建构主义产生的建构思想就是学生的思想基础。高职英语新课程标准强调的理念是，课程的设计和实施目标要更加有利于学生的学习和认知，使学生通过探索、交流、沟通、体验等，形成更好的学习习惯，强化学习能力。自主学习，不只是自己主动学习，而是要认识自己的内驱动机，将学习建立在自我意识之上，愿意并且能够主动学习，能够坚持并为之努力。自主学习的最终

目标是促进学生的发展，激发学生的创新思维，建构学生的思想认知。由此可见，新课程的改革就是优化学习方式，培养学生自主创新的能力。学习英语，其根本也是为了人际交流，拓宽视野。

在建构主义教学模式下，我们要学习和“领悟”建构认知模式。在教学中，教师可以更为灵活，让学生作为主动者，创新思路，结合当下的情境，完成课程内容的设计。学生可以不断学习语法、句子、文章，巩固基础，进而创新。例如，课堂上减少由教师传递或者共享的内容，让学生通过沟通交流增进对知识的理解。

如今的新媒体和网络为建构主义教学模式下的高职英语教学提供了非常有利的背景。现代化的教学技术为建构主义教学模式提供了很好的技术保障和物质基础，也为将来的创新开拓了空间和新的契机。这主要体现在以下方面。在技术保障上，多媒体技术将文字、图表、图像、声音等集成在一起，构成教学课件或互动工具，使教学内容更充实、更形象、更具吸引力，从而有利于提高学生的学习热情和学习效率；多媒体技术和其他技术的结合也有利于辅助教学，促进师生的沟通交流，激发学生的学习兴趣，方便学生跟进时代发展，例如多媒体技术与数据库技术的结合，能够方便学生综合利用多媒体信息，提升数据分析的能力，多媒体技术和网络技术的结合，能够方便师生交流，并提升学生搜寻信息和筛选信息的能力。在物质基础上，依据多媒体技术形成的多媒体教学系统能够提供“打怪升级”式的游戏教学，让学生在游戏中积累知识，夯实基础，达成学习目标；因多媒体技术衍生的多媒体环境为教师提供了更多与学生互动的机会，也留出了更多接触学生的时间，这有利于教师观察学生的学习状态，分析学生的学习需求，进而方便教师有针对性地改进教学内容和教学方法等，使因材施教成为可能。以上优点符合建构主义教学模式。

建构主义教学模式在其他学科中已经得到比较广泛的运用，可以在高职英语科目中进行尝试。建构主义教学模式例如抛锚式教学、支架式教学等，已经在科学、数学等学科进行了比较有效的应用，但是在高职英语教学中的应用比较少。可以肯定的是，其他科目为英语提供了非常宝贵的经验，虽然科目不同，但是建构主义下的教学理念是一致的，不会产生冲突。

高职英语教学分为听力教学、口语教学、阅读教学和写作教学等，不同类型的课程可以采用不同的建构主义教学模式。

每种建构主义教学模式都有各自的特点。例如抛锚式教学强调教学的情境，而高职英语口语学习就需要创造出一个情境，让学生抛弃已有规则，投入情境当中。支架式教学要求教师可以随时“拆”或者“安装”支架，即提高或者降低学习内容的难度，让学生随时根据建构扩展思维、学习内容。在英语听力中，教师就可以采用此种教学模式，根据学生的水平集中处理某一类问题或者强化某一种能力。随机进入教学有利于学生随机获取信息，如对一些带有文化含义的词语，可以超越文本以了解更多信息，鼓励学生自行进行建构和解读。在英语阅读中，学生可以自行理解句子和文章主题等，至于涉及的新词语，学生可以通过猜词法、查字典等了解和认知。高职英语写作要求学生发表自己的观点等，这时可以采用随机进入教学，让学生自行搜索相关资料，主动表达观点。由此，这几种教学模式可以与高职英语课程目标相契合。

第三节　建构主义视野下高职英语教学现状及问题

一、建构主义视野下高职英语教学现状

（一）不同地区高职英语教学差距大

语言的发展与一个地区的经济、政治、社会需求有极大的关系，一般而言，越发达的地区越注重英语教学。我国由于地域发展不均衡，以及城市、农村发展不平衡等问题的存在，各高职院校的英语教学能力和水平也存在较大差距。建构主义较为重视学生的主体地位，强调教师与学生之间的互动和交流，注重通过学生建立自身的知识体系去主动理解和吸收知识点。因此，建构主义视野下的高职英语教学需要软件、硬件方面的配合，这与地区发展水平有很大的关联。

从经济上看，东部地区明显强于中西部地区。经济发展带来的贸易往来、文化交流等也影响了高职英语教学，建构主义中注重互动、沟通的教学方法在东部地区更容易实现。无论是配套的师资力量还是教学环境，东部地区的

情况明显优于中西部地区的情况，学生有更多机会触及先进的教学思想和手段，有更多机会接触到英语环境，高职英语教学也得以发展和优化。同样，城市地区的情况也明显优于农村地区的情况。城市经济发展带来的福利覆盖到居民生活的方方面面，也促进城市形成了良好的内部循环，这个循环覆盖到高职英语教学中，表现为学生和教师更容易适应和接受建构主义教学模式。农村地区由于经济发展迟缓，学生自身知识体系较为单薄，英语学习环境相对单一，学生和教师对于高职英语教学的认知不足，对于建构主义教学模式需求度较低。

从文化上看，东部地区更包容开放。东部地区由于地理位置的优势，接触外界的思想文化更为便捷和频繁，为英语学习提供了良好的环境。英语教学本身是一种语言学习，提升语言水平更多依靠交流和沟通，建构主义教学模式有利于激发学生的主观能动性，促进学生用英语交流，从而提高学生的英语水平。在群体认知方面，由于东部地区开放较早，社会群体对西方文化的认知也更多元、更全面，比如北京举办奥运会、上海承办世博会等国际性的文化交流活动带动了当地社会群体学习英语的积极性。据报道，2008 年奥运会期间人们纷纷投入英语学习中，北京电视台推出《洋话连篇》英语教学节目，《北京青年报》也开设了专栏讲授英语知识。建构主义教学模式依赖一定的社会语境，依赖高职学生自身的知识体系，并且需要学生与教师的碰撞才能产生最佳的学习效果。因此，良好的群体认知有利于建构主义在高职英语教学中的运用。

（二）不同学习阶段高职英语教学特点不同

高等职业教育分为高等职业专科教育、高等职业本科教育，以及高等职业研究生教育，相对于普通高等教育而言，高等职业教育更注重技能培训和技术应用。在高职英语教学方面，不同的阶段也有不同的特点。

第一，高职本科英语教学主体、客体不断发展，有一定的独立性。

高职本科英语教学主体是高职专升本的学生和英语教师。由于高职本科阶段的学生自主学习能力相对较强，自身知识体系建设相对完备，学习媒介丰富，因此高职本科阶段的英语教学在互动性、主动性方面有所增强。在高职本科阶段的学生作为英语学习主体的情况下，建构主义视野下的高职本科阶段英语教学有其存在的合理性和可能性。

在高职本科阶段，学生学习英语一般有两种模式。一种学习模式是应试学习，高职本科阶段需要完成相应的全国大学英语四、六级考试，这属于硬性规定。有学者专门对全国大学英语四、六级考试进行研究，研究表明全国大学英语四、六级考试的正面反拨效应远远大于其负面反拨效应。正面的影响是提高了高职本科阶段学生学习英语的热情，因为全国大学英语四、六级考试往往与高职本科阶段学生的学位证书、求职情况等挂钩，高职本科阶段的学生与英语教师往往会达成积极学习的共识，增进了高职本科阶段的英语学习氛围。全国大学英语四、六级考试虽然有效促进了学生主动学习英语的习惯，但在口语方面，学生仍有欠缺。这与全国大学英语四、六级考试的设置有较大关联，其侧重笔试成绩，忽视了对学生口语方面的测评，不利于学生走出课堂。当然，在应试学习方面，高职本科阶段的学生为增强自身实力或出国深造，也会参加其他语言类考试，如雅思、托福等。此类英语考试虽然也是应试考试，但考虑了语言实用性的特点，考查学生的综合能力，注重学生的口语水平，使得学生在应试过程中能够较全面地提升自己的英语能力。这与建构主义教学模式相契合，学生不仅要学习单词、语法，更要在互动中获取新的知识点，在一个相对紧张的状态下运用自身所掌握的知识。

另一种学习模式是非应试学习。非应试状态下的学习更多来自学生自身的喜好和追求，是主动激发自身学习动力的行为。非应试学习与建构主义不谋而合。在无外力压迫的前提下，高职本科阶段学生自主追求进步，加强英语学习。非应试学习实现的基础有两点：一方面，高职本科阶段的学生群体广泛、社交频繁，有相同爱好的学生容易形成组织，相互监督、共同进步；另一方面，高职本科阶段学校基础设施建设相对完备，图书馆、多媒体等资源丰富，为高职本科阶段的学生创造了良好的自主学习环境。

在高职本科阶段，英语教师作为授课主体，其教学方法也是随着时代而不断发展的。首先是语法翻译法，语法翻译法是我国早期所采用的一种教学方法，比较注重高职本科阶段学生的翻译水平和阅读能力。其次是认知法，认知法更加强调精读。我国 20 世纪 80 年代中期以前的本科英语教材基本以语法为纲，教师授课时注重对语法的讲解。最后是交际法，交际法产生于 20 世纪 70 年代，其授课方法与建构主义贴合更紧密，主张在交流中促进学生主动学习的能力。

在高职本科阶段，英语教学客体指高职本科阶段英语教学内容。首先，高职本科英语教学的课程要求是个性化、协作化、模块化和超文本化。个性化是指不同的学生对高职本科英语课程应当有不同的选择，基础较好的同学和基础较差的同学可以选择适合自己的课程和材料加以学习，这与建构主义下，学生需要建立自己的知识体系，运用自己所学进行学习一脉相承。协作化指高职本科英语重视学生的表达能力，因此学生之间应当互相配合，以小组为单位进行沟通交流，以增进学习效果；同时高职本科英语重视教师的面授能力，要求师生在互动中共同学习。模块化指在高职本科阶段英语教材编写中通常有读写和听说两个模块，并且在这两个模块中分别设置了不同主题的课程。超文本化指加强计算机和网络教学，以动态学习取代部分静态学习。

其次，高职本科阶段英语的教学方法也是不断发展变化的，特别是随着互联网的发展，高职本科阶段英语教学除了能够围绕教材开展，还能搭乘互联网快车，使用慕课等方法，实现跨地域、跨时区、跨文化的英语教学。

第二，高职英语教学与大环境下的教学目标关系紧密。我国高职英语教学现状与其所处的教学阶段和教学目标有很大的关联，不能忽视这一时期大环境的客观性。

高职学生的学习能力相对于高中阶段有所提升，因此高职学生的英语学习情况有较大的改观。有研究表明，个体在 0 ~ 9 岁处于前习俗水平，9 ~ 15 岁处于习俗水平，15 岁以后处于后习俗水平，这说明高职学生在一定程度上已有较强的自我意识和相对独立的思想，并且有较强的自主学习能力和理解能力。因此，高职学生对于英语学习有一定的自发性和自主性。

高职专升本阶段，学生有升学任务，因此高职专升本阶段的英语学习有其特殊性。高职专升本学生自身有求学的迫切感。这种迫切感一方面符合建构主义下的自主学习情况；另一方面是与建构主义背道而驰的学习情况，这一阶段的学生迫于学习压力死记硬背，或以追求高分为目的，而非出于自身兴趣而层层搭建知识框架，建构主义在该阶段有一定的模糊性。

高职专升本阶段英语教学路径主要有两个：教师授课和完成习题。从教师授课情况来看，建构主义重视学生个体的知识体系框架的建立和社会认知框架的建立。教师单向授课的教学模式存在一定的问题。

一方面，高职专升本阶段以教师授课为主，学生为被教授对象，英语知识的学习来源和渠道有一定的限制，没有考虑学生自身的学习需求和期望，不利于学生建构属于自己的知识体系；

另一方面，以教师授课为主的教学氛围不能激起学生学习英语的热情，现实中高职专升本阶段英语教学存在课堂群体性沉默的问题。有相关研究表明，高职专升本阶段学生群体性沉默与课堂氛围和个人性格有较大关联，群体性沉默的现象与建构主义下的互动学习存在一定的差距，虽然学生有自主学习的能力，但课堂氛围在群体性沉默中很难被调动，这会影响学生的学习效率和效果。单向授课模式中的课堂提问环节容易使相对内向的学生更沉默，因为他们对自己所做的回答感到紧张和不满。

完成习题情况属于高职专升本阶段英语教学中巩固知识点的环节，对于争取分数的高职专升本阶段的学生有着不可忽视的意义。当前高职专升本阶段的学生在习题方面主要有两点表现：习题广泛，高职专升本阶段学生的英语习题从单词到语法，从听写到阅读，涉及各种题型、各种知识点，学生在做习题的过程中可以查漏补缺，完善自身的知识体系；习题量大，不可否认英语教学中完成习题的重要性，但是高职专升本阶段学生的英语习题量过大，这不符合建构主义下的自我个性发展和主动发展的要求。

（三）高职英语教学与教学政策关联紧密

我国是一个受政策指向性影响较大的国家。首先，从我国国情来看，国家统一管理下的社会秩序严谨有序，而高职教育作为高等教育的一部分，与国家教育政策息息相关。统招专升本科目分为公共基础课和专业课，公共基础课一般为英语，部分地区设置高等数学、大学语文等课程，这一点足以说明英语科目对于高职学生的重要性。高考制度改革曾引起社会热议。在英语方面的改革率先突破了一考定终身的考试制度，这不仅未削弱英语教学的重要性，反而给英语教学提供了更多可能性。英语高考制度改革，相对于其他学科而言更有前瞻性。它为英语等语言类学科教学增添了非功利色彩，给予英语教学信心和动力。这对参加专升本考试的高职学生，有重要的指示作用。

其次，从我国社会情况来看，社会发展较为稳定。没有稳定难谈发展。教育更是如此，现阶段高职英语教学有其自身的缺陷，但改革非一朝一夕之事。因此，服从高职教学制度、完成高职升学目标也许是目前高职学生的最佳选择。在这种情况下，高职英语教学与相关政策指向密不可分。

二、建构主义视野下高职英语教学存在的问题

（一）总体教学功利性强，高职英语教学的意义模糊

建构主义下的高职英语教学更加注重学生在学习中的主体地位，鼓励学生利用自身的知识体系主动学习。然而，在现实教学过程中，高职学生常常处于身不由己的境地。

首先，从整个时代的背景来看，我国正处于经济发展的新阶段，相对于二三十年前的教育情况，现阶段的教育已经有了突飞猛进的发展，从教学设施到教学环境，都更趋于规范化和完备化，经济发达地区更加国际化和多元化，培养模式百花齐放，学生的思想也得到了空前解放，知识面得到了快速拓展。在这样的时代背景下，高职英语教学的重要性不容小觑。但是，正是因为时代发展速度加快，互联网给我们带来了便利的同时向我们提出了新挑战。在这样的时代氛围之下，学习的功利性问题尤为突出。高职学生的基础较为薄弱，但仍需要按照时代发展的要求去学习英语，提升自身能力。不可否认，学生学习英语是因为升学压力也是因为竞争意识，这种目的性使高职英语教学浮于表面，使学生在尚未真正将所学内化为自己的知识体系时，便被推向社会。

其次，从教育发展上看，我国教育改革不断推出新的措施，但依旧存在不合理的情况，其中较为突出的问题是不同学习阶段教材衔接不流畅，存在断节。这主要表现在以下方面。第一，英语教材中的知识与学生的认知水平和心理素质不匹配。随着年龄的增加，学生的认知能力和心理素质会随之发展，但当前高职英语教材无法根据高职学生的实际情况和需求安排教材内容。例如，当前的某些高职英语教材中还有 friendship、entertainment、success 这样的话题，这些话题是中学时期就常谈论的话题，学生很容易在学习时因为过于熟悉而生出“混”的心态。这就导致高职教育难以切实实现培养人才这一重要目标。第二，英语教材中的知识深度不合理。多数高职英语教材以提供的词汇和语法来支撑教学框架，以学生掌握的词汇量和语法知识的牢固程度

来判断学生的英语水平，但各阶段英语教材中呈现的词汇虽有区别，语法知识却大同小异，就像是把中学阶段的知识换个“皮”又给学生呈现了一遍，没有帮助学生认识到语法知识的本质，也没有帮助学生认识到英语学习的本质。显然，这与建构主义的教学方法背道而驰。从事物发展的正常规律来看，越到后期，学生学习英语的主动性和能力应该越强，学生在专业领域内的英语能力和知识储备应该越雄厚，但事实并非如此。教材的问题长期没有得到解决，说明整个教育界对高职英语教学目标认识不清。

最后，从高职英语教育效果看，在英语教育极为普及的今天，高职英语教学的有效性依旧不明显。假设一个人从小学开始接受英语教育，到高职本科毕业，该学科的教育时间已有十多年。但令人失望的是，在如此之大规模、长时间的教育资源投入之后，我国的高职英语人才仍然不多。高职学生毕业后在求职中依旧面临“张嘴不会说，下笔不会写”的尴尬境地。这不是个人的失败，而是高职英语教学定位的失败，是高职英语教学方式和教学方法的失败。

（二）高职英语教学资源分配不科学，软硬件均存在短板

从高职英语教学情况分析中可以看出，我国由于地域发展不平衡，高职英语教学情况存在较大差异。东部地区尤其是东部沿海地区教育资源丰富，学生视野开阔、知识结构体系完备，因此相较于中西部地区，东部地区的建构主义教学模式实施得更为全面和完善。然而，从不同阶段的高职英语教学情况来看，基于建构主义，我国高职英语教学资源依旧存在分配不合理的问题。

一是高职本科阶段英语教学资源丰富，但这不代表资源的有效性高。高职本科阶段学生群体学习英语的盲目和倦怠，不能引发建构主义下的自主学习，无法帮助学生建立知识框架，影响教育界对高职英语教学的重视程度。主要问题表现在以下方面。

①高职本科阶段的英语课程内容陈旧，部分教材选材很难激发学生的好奇心，特别是教材中过于老旧的话题在中学时期就有，高职阶段还有。

②普遍存在中国文化失语的情况。外来语言的介入不能以忽视本土文化为代价，在英语教学普及性极高的今天，中国文化如何用英语表达常常被忽

视，在高职这种对实践性要求较高的教育阶段中，对英语教学的自发性和实用性的重视程度还不够。

③高职本科课堂中，老师的地位降维，过于强调高职本科阶段学生主动学习的重要性。高校普遍采用学生自讲、自评的教学模式，通过给予高职本科阶段学生在英语教学中的主体地位来激发学生学习英语的主动性，但过于翻转课堂的主次地位往往会降低高职英语教学的有效性，调动课堂氛围不能以牺牲英语教学的严肃性为代价。

④高职本科阶段英语教学过于注重基础教学，教学效果不理想。有学者提出，我国国内各专业领域的人才很难有效运用英语与国际上的专家学者进行交流，也很难在技术谈判、价格谈判等情况下灵活运用英语为自身创造有利地位，与国家投入的人力、物力、财力相比，这样的高职英语教学效果着实堪忧。与这一点相关的是，高职英语教师的知识结构也存在一些问题。我国高职本科阶段的英语教师多是师范类专业或英语专业本科或硕士毕业生，知识结构相对单一。如果要减少基础英语教学，增加与专业结合的英语教学，大批英语教师将面临再培训的挑战。从长远来看，这具有不可估量的意义，但是也应当注意到这项改革将带来的新一轮教学压力。

二是高职专升本阶段英语教学乱象丛生。从建构主义来看，英语教学有很大的改进潜力，因为实际中高职专升本阶段的英语教学存在许多不合理的情况。从我国的教学现状来看，英语教学已得到了充分的重视，但这种重视反而加剧了高职专升本阶段英语教学的混乱。主要存在的问题有以下几点。

①教师水平参差不齐。高职专升本阶段的英语教学内容并不复杂，高职专升本阶段对学生的英语认知要求相对较低，因此教师教学水平往往并不能得到客观评价和检验。这就导致有些教师在提高自己的教学水平方面意识薄弱，教师之间的差距就此显现。

②在基础框架建立完善的时候，盲目增加高职专升本阶段学生的学习量，只会造成学生的厌烦与倦怠。同时，这一阶段的教育没有相对完备的规范，因此教材的评判、教学方法的选择，以及教师的反馈等，都没有客观的准则，这种缺失管理和规范的局面是造成高职专升本阶段英语教学乱象的重要原因之一。

③高职英语教学安排不合理，学习时间过长。高等职业教育偏向于学生

的职业技能和技术应用，因此更多的精力应集中在技能学习。而现阶段有些学校的高职教育片面追求学生书面成绩，特别是专升本阶段学生的书面成绩，实际的高职英语教学目的与其本质教学目的形成冲突。

（三）高职英语评价体系存在偏差

我国高职英语教学作为基础教学内容之一，有其自己的评价体系。然而，现实中评价体系令人担忧。总体来说，高职英语教学评价体系的建立来自学生个人、家庭、社会、国家四个层面，但是在建构主义视野下，我国高职英语教学存在重形式、轻实质的情况，甚至将教学过程中的互动、交流作为所谓“公开课”展现出来，忽视了高职英语教学中学生主动学习的内涵。因此，应当剖析高职英语教学中不合理的情况。

首先，从个人和家庭角度来看，我国存在过度教育的情况，过度教育现象的形成与我国传统的家庭观念不可分割。在传统教育观念中，存在片面的成才观。例如，在高压学习模式下，学生较少表现出强烈的反抗情绪，更多的是接受这种高压模式。在这种观念下，学生本人对于英语教学的评价意识模糊，甚至从未主动思考过当前的英语教学模式对自身的影响。在片面成才观的影响下，建构主义下的高职英语教学模式也许不再重要，因为自身的评价体系缺失，学生很少有机会主动思考、主动搭建自身知识体系，更无法具备相应的能力，这是我国高职教育普遍存在的问题。同时，家庭和谐伦理观深刻影响着每一名学生和每一位家长。家长望子成龙、望女成凤的期望自古存在，延续至今。这种价值评价体系使得家长更加注重学生的学业结果，而忽视学生的学习过程，家长较少关心自己孩子是否有独立思考和选择的能力，这与建构主义相违背。我们不能否认高职学生对学习的追求以及家庭对高职学生的期望，但是片面地追求使我国高职英语教学得不到客观的评价和修正，会让高职英语教育朝着更加不合理的方向发展。建构主义尤为注重高职学生的主观能动性，主观能动性在这里有两层含义，第一层是愿意学习，第二层是学会学习，把自己当作学习主体以及知识的需求方才是建构主义的真正意义。英语是一门重要的学科，我们应当意识到高职英语教学中不足的部分，主动反思才能进步。

其次，从社会角度来看，我国处于经济快速发展时期，资源有限且分配不均，在人均不足的情况下，对于资源的抢夺越发激烈。目前我国社会对人才评价标准的看法相对单一。从学生进入学校的那一刻起，所做的努力与得到社会认可无不相关，因此高职学生习惯迎合社会标准，学习指向性唯社会所定。在高职英语教学方面，社会没有提出具体、客观的要求，反而催生出大量培训班、考证班等，忽视了高职英语教学的内涵和意义。学生意图通过培训、考证等提升自己的能力或进入更高层次的学府，但这些培训班、考证班等通常以考试技巧为主要教学内容，难以切实提升学生的能力和水平。

最后，从国家角度来看，我国正处于全球化的浪潮之中，发生在经济、政治和文化领域的全球化进程已经不可逆转并将作为一种趋势不断地激励或者困扰每一个国家、民族及个人。这种困扰也影响着教育问题。教育究竟是走向文化多元化还是文化同质化，这是值得思考的问题。

在建构主义视角下，高职英语教学的指向是学生独立学习、主动学习，在学习中有自己的思考和想法，并且通过自己建立的知识架构不断自发地、因人而异地拓展这个知识框架，这需要高职英语教学具有相对开放和自由的学习氛围，需要高职教师隐性和辅助式的教学引导。然而，高职英语教学体系始终围绕教学大纲展开，虽有章可循，但缺乏学生自由发挥的空间。最令人担忧的是，我国客观的教学评价体系长期处于空白状态，这种空白状态使得我国高职英语教学得不到有效发展和长足进步。

就高职英语教学目前的情况来看，我国高职英语教学的成果并不显著，大批拥有英语教育经历的高职学生并未真正掌握英语运用能力，没有深入理解高职英语教学背后的科学内涵，也没有将其与我国文化相结合。高职英语教学要帮助学生建立和完善英语知识体系，提高学生英语运用能力。

第四节 建构主义视野下高职英语教学的策略

一、建立多元开放的评价体系，优化考核标准

建立多元开放的评价体系有利于从源头匡正高职英语教学的目的和意义。我们应当清楚地意识到，当今高职英语教学的出发点不只是掌握单词和语法，更是掌握语言这种工具，并且在交流的过程中融入中国文化，传播我国特有

的文化，实现文化的精准对接和输出。此外，我们也应该意识到语言交流的现实作用。在国际化大背景下，英语应该成为学生自力更生的技能，而非只是试卷上的分数。学生应该将自身专业与英语结合起来，让英语不仅在生活中，也在职场中、在市场中成为促进个人发展的有力工具，促进个人目标的达成，为社会创造价值。

在建构主义视野下明确高职英语教学的意义，有利于我们更好地理解高职英语教学的目的。这里的关键是要建立一套更为开放多元的评价体系，匡正高职英语教学的方向。

建立多元开放的评价体系，一是要国家层面控制“量”的度量，二是要更加注重“质”的评价。过多“量”的评价，会使高职英语教学陷入“模式化”的境地，高职教师缺乏创新思想，学生缺乏自主思考，只是被动接受英语教学内容，这与建构主义背道而驰，由此产生的英语教育成果并不乐观。由于“质”的度量标准很难把控，高职英语教师的评价工作更应当面向学生，因此评价的内容需要分成两个方面：

一是对学生考试结果的评价，考试结果由笔试分数和口试分数组成，笔试分数代表学生英语基础的学习成果，如单词、语法等，口试分数代表学生英语应用能力的学习成果，考查学生的英语表达能力和运用能力。

二是对高职英语教学的满意度评价，即通过学生对高职英语教学的主观评价来反思当前高职英语教学方式的利与弊。

建构主义视野下的教学模式不仅有助于锻炼学生的自主思考和领悟的能力，还能促进学生认识到主动学习的重要性，让学生主动融入角色，明白自己的所需所求。根据学生评价改进英语教学方法，有利于高职英语教学改革思路从流于形式的自评自查转换到学生评价和自我需求精准定位上来。这样有助于从根本上促进高职英语教学的发展与创新。

二、百花齐放，产学研融合

十年树木，百年树人。对一个国家和一个民族而言，教育的重要性毋庸置疑。然而，群体性的教育管理有优势也有劣势，优势是学生的成长教育便于管理，劣势是个体独立性、自主性发展的缺失。因此，如何借助建构主义搞好高职英语教学很重要。

首先，应该树立正确的高职教学价值观。高职英语教学不应当急躁、功利、短视，而应该循序渐进，允许学生扎实求学，逐步建立自己的知识体系。社会、企业不要过于看重名利得失，要接受高职学生的学习过程。

其次，要充分意识到产学研融合的重要性。建构主义下的高职英语教学策略意识到了高职学生真正的内在需求。俗话说站在岸上学不会游泳，不加以练习，学生无法恰当运用英语沟通交流。实践对于高职教育来说是非常重要的。建构主义下的高职英语教学如果能抓住社会需求，从各种社会平台中获取实践与教学的机会，那高职英语教学就能将学生从课本引入实际，从理论引入实践。特别是现阶段，高职学生英语知识积累与实际应用能力存在偏差，这种尴尬境地直指高职英语教学与现实脱节的问题。产学研融合过程中，学生可以作为参与者，施展所学。这样，通过实际遇到的困难和问题，激发学生的学习主动性和学习热情，学用相长，形成良性循环。因此，利用好社会资源，做好产学研融合，对高职英语教学有更现实的意义。

三、精准分配和更新教育资源，搭建建构主义下高职英语教学平台

从我国高职英语教学的现状看，其突出特点是地区差异较大，这是客观存在的问题，是由我国基本国情所决定的。高职英语教学应当分情况进行改革，做到精准改革，而不是“一刀切”。

建构主义下的高职英语教学把学生放在主体地位，以学生自身的学习兴趣和能力作为高职英语教学的动力。结合我国国情，由于东、中、西部地区经济发展程度不同，高职英语教师的教学能力不同，学生学习英语的主客观条件差异较大，因此围绕建构主义改革高职英语教学需要依据现实情况做出不同的努力。

建构主义要求在高职英语教学硬件和软件方面做出改革。硬件方面包括英语教具、英语教学场地等。东部地区由于经济发展较快，硬件方面较为先进和齐全，拥有的资源较为充足，而中西部地区由于经济欠发达，高职院校应有的设备尚不完善，因此应适当向中西部地区增加英语教育投资，协助中西部地区的高职院校配备多媒体教学设备，满足学生的基本需求。

软件方面包括高职英语教师队伍培训和高职学生思维建设。首先，建构主义下的高职英语教学强调因材施教，因此高职英语教师队伍应该保持学习

能力，及时更新自己的知识储备，开阔自己的视野。英语教师不应该仅以课程标准作为自己的知识储备，应该适当扩展，以吸引学生学习多样的文化，满足不同学生的英语需求。对于这一点，我们应当意识到教师在教学中的重要地位，虽然建构主义强调学生的主体性，但是不能忽视教师作为学生学习铺路人和引路人的重要性。当前的高职英语教师在铺路人方面已经做了足够的努力，在引路人方面还有所欠缺。实际上，做好引路人的切入点有很多，在当前应试教育氛围相对浓厚的情况下，可以化压力为动力，例如，由高职英语教师主导课堂气氛，用翻转课堂的教学模式，以英语交流互动促进学生学习。其次，要加强高职学生的思维建设。大城市的学生普遍表现出乐观、开朗的性格，再加上先天的区域发展优势，这些学生知识面广，思维比较灵活，更容易适应新的教学方式，因此采用建构主义下的高职英语教学模式相对更为合理和轻松。偏远地区的学生较为内向，部分少数民族地区由于本土文化影响深入，高职英语教学很难达成基本的教学效果。对此，应当对相对闭塞地区的学生给予一定的思维指导，激发他们对英语的兴趣，深化高职英语教学的重要性，把课堂气氛调动起来，特别是在少数民族地区，可以将少数民族语言与英语有机结合，促进高职英语教学的本土化，提高学生的接受度。

俗话说，巧妇难为无米之炊。精准分配资源和更新资源，才更有利于高职英语教学的发展。建构主义视野下的高职英语教学要求我们主动、积极地面对社会和现实提出的要求，这既是挑战也是机遇。建构主义下的教学理念是适应时代发展，精准分配教育资源，及时更新教育资源。打造建构主义下的高职英语教学平台有其必要性。

四、因材施教，尊重高职学生，以合作促交流，化被动为主动

互联网的发展加快了社会信息共享，也造成了社会中各行业的过度竞争。目前，我国的教育事业存在过度竞争的问题，在这种情况下，高职教师由于缺乏主观能动的决断能力，忽视课程设置，采用填鸭式教育方式应付英语教学。此外，高职教师的教学成果缺乏客观的评价，学生对于所学没有正确的认知，不主动进行反馈。长此以往，不仅高职学生英语学习效果存在偏差，高职英语教学工作也得不到修正。

在建构主义下的高职英语教学注重学生在学习中的主体地位，认为学生不仅要有自己的英语知识体系，更要有主动创造条件和机会完善自己英语知识体系的能力。这不仅是一种针对学习能力的改革，更是一种针对高职学生英语学习态度的改革。对此，应该充分尊重学生，因材施教，给予他们一定的空间发展自己的兴趣。

首先，为学生适当减负。减负不是单纯减少课后作业的数量。有报道称，教育减负带来的是教师的不作为和家长的负担加重，以及学生学习的盲目性。这就暗示了，由于长期处于一种被动状态，家长完全听从教师的指挥，未曾真正考虑自己孩子需要学什么，怎么学；而学生对自己应该学什么、怎么学也缺乏思考，因此减负反而加重了家长和学生的负担，甚至使家长和学生产生焦虑、急躁等心情。在建构主义下的高职英语教学工作的减负，减的是高职学生重复机械的英语学习任务。堆砌的习题集并不能填补每一名学生的知识漏洞，反而会加重学生不必要的英语学习压力。减负应当由教师牵头，给予高职学生一定的空间，设计具有相对机动性和独立性的课后作业，并为此制定相应的评测标准和机制，确保高职学生的英语能力有一定提升。

其次，通过课程设计，在高职英语教学中加入文化、科技、政治等话题，充分吸引学生的注意力和兴趣。目前，很多高职英语教学中的翻转课堂是通过学生自己制作和展示幻灯片等方法活跃课堂气氛，但展示的方式和内容单调乏味。要激发高职学生的主动性，除了给予一定的主动权，更要有实质性的压力，要用不同的内容甚至是相对深刻的内容让高职学生了解自身的知识缺口，让学生更深刻地体会英语这种语言类学科对思想、文化传播的重要性，让学生认识解放自身思想的重要性。

第五章　职业能力视野下英语教学研究

第一节　英语教学职业能力体系概述

一、职业能力的内涵

随着现代社会的发展，关于职业能力的界定已经把重点放在了职业能力的组成元素上，当讨论职业能力时，一般认为其是指某个个体所具备的综合能力。这种综合能力包含许多因素。目前有以下几种关于职业能力组成元素的观点。

（一）由核心能力、通用能力和特定能力组成的职业能力

通常，职业能力被分为核心能力、通用能力和特定能力，这三种能力相辅相成。

核心能力主要是指个体胜任某个岗位以及适应社会的基本能力。核心能力包含很多因素，如个体的人生观、价值观和世界观，它强调个人所拥有的、能够胜任职业岗位的基本能力，能够验证个体是否适合工作岗位。另外，还有一些能力，如交际能力、逻辑思维能力等在工作中也会用到。核心能力具有普适性，这就意味它能够迅速迁移，帮助个体快速适应岗位的变化，帮助其更好地参与到工作中。

每个个体在参与工作时必须具备的职业能力，称为通用能力。通用能力是每个工作岗位都需要的能力，这种能力的水平决定了个体能否正常地参加工作。

个体在工作岗位上进行具体的工作时，其职业能力表现为对这个岗位的

特定能力。特定能力具有很强的特定性，往往只能用于个体所参与的工作类型。特定能力非常重要，它能够决定个体能否很好地将自己的核心能力和通用能力转化为岗位所需要的能力。可以说，所有的能力到最后都要转变为特定能力，它能够综合衡量个体在岗位中所展现的能力水平。

（二）由个体的综合素质组成的职业能力

职业能力一般体现为工作岗位以及社会对参与工作的个体的基本素质要求，即个体在具体工作中表现出的知识、技能以及思维水平，它包括个体能否很好地适应岗位、能否很好地参与管理，以及能否很好地进行创新、创造等。这种综合素质的培养，必须结合工作岗位以及社会发展的需求。没有目标地随意培养，无法达到岗位或者社会对这些具体职业能力的要求。这种综合素质一般包括基本能力、专业能力以及关键能力。

在个体的综合素质组成中最为普遍的能力是基本能力。基本能力具备很好的可迁移性，它能够帮助个体适应不同的工作岗位以及社会环境，是每个参与工作的人都应该具备的能力。例如，一个人的交际能力和学习能力就属于基本能力。这些能力是一个人适应工作岗位乃至适应社会的基础。

专业能力的针对性很强，一般指具体的工作岗位明确要求的职业能力。如果个体想要参与某项特定的工作，那么必须具备专业能力。专业能力与工作岗位的联系相当紧密，工作岗位所需要的专业知识和技能都是专业能力的一部分。

关键能力是个体职业能力的升华，是个体综合素质的具体体现。一般而言，关键能力也是个体关键的职业竞争力，如果个体的关键能力比较突出，那么他就能够在工作或者社会中游刃有余。

（三）由一般职业能力和特殊职业能力组成的职业能力

职业能力是个体综合能力的体现，它的形成需要经过一个漫长的过程，是个体在长时间的生活、工作与学习中锻炼、培养出来的。个体在工作过程中所展现的知识、技能以及各项素质，就是其综合职业能力。职业能力是个体适应社会生活、参与社会劳动不可或缺的能力，具体分为一般职业能力和特殊职业能力。

一般职业能力具有较强的普遍性，是每个参与工作的个体都具备的能力，一般职业能力弱的人，无法很好地适应社会生活和工作岗位。一般职业能力包括进行职业活动时最为基础的知识、技能和个人素质，拥有一般职业能力可以保障个体正常地参与工作。

特殊职业能力不同于一般职业能力，它是在具体的工作岗位中个体所表现出来的能力，如管理协调能力、与人合作的能力，以及分析处理问题的能力，不同的工作岗位或职业活动所需要的特殊职业能力不同，特殊职业能力在每个个体身上的具体表现也不同。

二、英语教学职业能力体系

对于英语教师来说，在进行职业能力的培养时一定要注意培养学生基本的职业道德素养和基本的职业责任感。除此之外，还应该培养学生使用英语的能力和利用自己所学完成工作任务的能力。通过对职业能力构成的了解和对英语学习特殊性的了解，可以将英语教学职业能力分为基本能力、关键能力、专业能力。

（一）基本能力

第一，要树立正确的价值观。价值观一般能够反映一个人最基本的判断力，它决定了个体能否处理好个人的事情。树立正确的价值观意味着要有爱国精神，有基本的政治素质，一定要用马克思列宁主义、毛泽东思想，以及邓小平理论等科学理论武装自己的头脑。价值观是凝结于文化中的“魂”。一方面，价值观决定着文化选择的价值标准。价值观承载着精神追求，有什么样的价值观，就有什么样的文化立场、文化取向、文化理念、文化选择。对于个人来讲，价值观是个人观察世界、思考人生、辨别是非的心灵尺度。另一方面，价值观决定着文化的性质和影响力。价值观决定着文化体系的性质，彰显着文化体系的魅力，引领着文化体系的发展，更直接影响和决定着一个国家和民族的未来。中华民族文化虽然经历盛衰变迁，但始终延绵不绝。究其根本，是横贯其中的精神灵魂。中华民族的价值观是经过社会心理的长期积淀和思想体系的熏陶、教化所形成的价值观念，具有横贯文化历史的优势。新时代的学生学习新知识，尤其是学习英语知识，应该以中华民族的文化价值观为基础，提升自己的中西文化贯通能力，做具有跨文化思辨意识的语言文化传播者。

第二，要培养优秀的个人综合素养。如果一个员工拥有较好的个人综合素养，那么其基本上能够快速适应自己的工作。个人综合素养对于个人发展来说非常重要，它决定了一个人在工作中或在社会中所能取得的成就。如果企业员工都拥有较高的个人综合素养，这会对整个企业的发展产生积极的影响，因此企业在招聘时往往非常看重应聘者的个人综合素养。个人综合素养好的员工，一般拥有诚实守信、吃苦耐劳，以及服从管理等优秀品质。员工的身体健康水平、职业道德水平，以及人文素质等也是企业非常看重的，因此在进行英语教学时，不仅要把重点放在专业知识的培养上，也要注意培养学生的个人综合素养，这对学生以后的职业发展非常重要。

第三，要注意对心理素质的培养。随着社会的发展，心理问题已经成为一个非常重要的社会问题，它不仅会影响个人的职业发展，还会影响个人的一生。由于很多强调英语能力的工作涉及国际交流往来，再加上目前国际局势复杂动荡，相关从业者会遭受较大的压力。如果想在这样的环境中工作就要学会自我调节，要加强关于心理素质方面的培训。只有具备了强大的心理素质，才能更好地处理人际关系乃至工作中的问题纠纷。英语是帮助我们与他人合作的工具，要适应工作需求，促进自己的工作发展，就要拥有强大的心态，善于调节自己的心理状态。

（二）关键能力

第一，信息筛选处理能力。大数据时代已经来临，信息资源爆炸，获取信息越来越容易，因此对信息进行筛选和处理的能力显得尤为重要。我们每天都要面对纷繁复杂的信息，学会甄别信息的有效性和可靠性才能方便生活和工作。在工作中，信息筛选处理能力越来越重要。如果对学生在信息处理能力方面进行一定的培养，将有助于学生在日后的工作中获得较强的竞争力，对学生的职业发展有着长远的积极作用。

第二，计算机应用能力。随着互联网技术的快速发展，计算机的使用已经越来越普遍。如果想快速开展工作，必须掌握计算机相关的应用技能，因此更应该借助英语这一语言工具开展计算机应用技能培训。基本的计算机操作技能包括办公软件使用能力，以及基本的文字、图片处理能力，这应该是每个工作人员必备的操作技能，是个体适应现代社会和现代工作环境的能力之一。

第三，自主学习能力。有些英语知识在不断地更新变化之中，学生应该紧跟知识发展的脚步，注意对新知识的汲取，还要注意把学习的知识运用到具体的工作中。在工作中也要扩展自己的知识储备，要培养自己的自学能力，快速适应时代的变化，在竞争压力较大的当下获得较强的职场竞争力。

第四，谈判能力。英语的应用场景大部分是与人沟通交流，因此学会谈判对学生来说也比较重要。谈判是一门技术，也是一门艺术，它能够展现一个人的语言运用能力和逻辑表达能力，在职场中的使用范围非常广。拥有良好的谈判能力可以帮助个体处理各种各样的事务。如果一个人擅长谈判，说明他既能够对人和事物进行较为细致的观察，能够进行逻辑推理，也能够准确地表达出自我的诉求，这既强调了外在的综合能力，也凸显了内在的心理素质。因此谈判能力是个人职场发展的关键能力，它能够为个体赢得更多的工作机会。

（三）专业能力

首先，英语语言的应用能力。学习知识的目的是将知识运用于实际工作，因此在进行英语教学时要将语言应用能力放在重要位置上。想获得良好的语言应用能力，需要拥有扎实的语言基础，在平时的学习中，学生一定要注意学习和积累基础知识，让自己具备一定的专业底蕴。当积累了大量的基础知识之后，要学会用自己所学表达自己的想法，锻炼语言应用能力。同时，要锻炼自己用英语进行写作的能力，以及理解英语文本内容的能力等。这需要进行大量的听、说、读、写、译练习。如果可以，尽量与以英语为母语的人进行口语交流，这有助于增强语感，优化自己的表达能力。提高语言应用能力没有捷径，只有在实践中不断练习才能有所进步。

其次，创新能力是个体职业竞争力的重要体现，在高校英语教学中应该注重对学生创新能力的培养，这样学生在参与工作时才能更好地解决问题。培养创新能力要在积累大量基础英语知识之后进行，否则起不到很好的效果。在拥有大量的知识之后，学生才有可能在使用知识的过程中总结规律，进行创新。

第二节 职业能力视野下英语教学模式构建

一、“三位一体”教学模式

（一）“三位一体”教学模式的内涵

“三位一体”教学模式指的是在具体的教学过程中要注意知识、能力与素质的一体化发展。在英语教学过程中，知识指基础的英语知识和与工作岗位相关的知识体系；能力指工作岗位对应用英语的具体要求；素质的内容很宽泛，指一个人的综合素质；一体化发展指充分地分析和了解工作岗位和用人单位的具体情况之后，在英语教学模式构建中体现出基础知识的教学、语言应用能力的培养，以及学生综合素质提升的教学目标，让英语教学以职业为导向，在教学过程中体现出职业特点，帮助学生在开放的环境中积累知识、提升能力。

“三位一体”教学模式的构建是在职业能力培养的视野之下，基于能力本位职业教育的观点培养学生的英语能力，通过不断提升学生的各种素质来帮助他们提升职业能力。在“三位一体”的教学模式下，英语教学的目标一定要与具体行业相结合，英语教学的内容要以职业为导向进行构建，英语教学的过程要注意学生在知识、能力和素质方面的综合发展，让学生获得直面工作岗位的专业能力。

（二）构建“三位一体”教学模式

“三位一体”教学模式的构建过程一定要在职业能力培养的视野下进行，要契合能力本位职业教育的理念，把培养学生的具体职业能力作为目标，建立英语教学的阶段性目标，按照职业岗位的具体要求来完成对英语教学内容的扩展和更新，最后形成一个比较科学、合理且完善的英语教学评价体系。以下是具体的构建内容。

第一，要把岗位能力作为教学目标的基本导向。高职英语课程应该严格按照能力本位职业教育的理念进行设置，培养学生在具体工作岗位中所需要的英语应用能力。首先要对学生进行英语基础知识的教学，确保学生在参加工作之后有基本的英语应用能力，帮助学生更好地开展工作。其次要培养学生的专业英语应用能力，这也是英语教学的目标。要让学生的英语素养契合未来岗位的具体需要，对学生个人综合素质的培养也是必不可少的，因为一个人想要在工作中得到有效的发展，就必须提高自己的综合素质，让自己成为全面发展的新时代职场精英。因此学校在进行具体的课程设置时，一定要对具体工作岗位进行充分的调查，明确各工作岗位对英语教学中的知识、能力与素质的全方位要求，依据这些要求建立英语教学目标。同时，在“三位一体”教学模式构建的原则之下，英语教学要尽可能以职业为导向，在组织英语教学内容、改进英语教学方法时，不能让实际的教学设计与职业要求脱轨，尽量把工作对具体英语能力的要求纳入英语教学的设计体系之中。

第二，以职业为导向来完善英语教学内容。为了更好地培养学生的职业能力，要把英语教学内容分为两部分，即基础英语知识和专业英语知识。在进行基础英语知识教学时，主要培养学生的基础英语素养以及英语基本应用能力。在这个过程之中，要适当地结合工作岗位的具体情况来教学。专业英语知识的培养是职业教育的核心部分，要把具体的专业知识和英语能力充分结合起来，同时要把行业标准明确地告诉学生，让他们完成专业英语知识的学习。专业英语知识的学习一般放在具体的工作情境中，教师在设置教学内容时要模拟相关情境，保证学生能够切实理解相关内容，并能将之应用于实践。

第三，在教学过程中突出岗位任务的引领作用。在“三位一体”教学模式的构建中，要弱化以教师为中心的教学理念，突出以学生为中心的教学理念。教师要把具体的学习要求布置给学生，教会学生如何自主学习，而学生要做的就是充分发挥自身的主观能动性，积极探索在实践中运用英语的能力的方法，不断提升自身的英语水平。教师在“三位一体”教学模式中扮演的角色是指引者和助力者，主要工作是帮助学生明确工作岗位对英语能力的具体要求，对学生的问题进行解答。在“三位一体”教学模式中，学生能够重新树立学习英语的信心，重拾学习英语的兴趣。

二、能力本位教育理念要求下的英语教学模式构建

能力本位教育理念是一种比较常见的教育理念。它诞生于美国，是美国

企业家对工人进行培训的理论基础，后来能力本位教育理念被传播到全世界，很多国家把能力本位教育理念运用到高职院校的职业培训之中，使职业教育获得了长足的发展和进步。

能力本位教育理念的英文全称为 Competency-Based Education，缩写为 CBE，它主要以人才的能力培养为目标并注重具体工作岗位的要求。它利用具体工作岗位的要求来设计职业教育的目标，进行职业教育的各项教学活动，也依据具体工作岗位要求对教学培训的成果进行针对性评价。在职业教育中运用的能力本位教育理念强调将学生作为教学活动的中心，一切的教学活动都是为了让学生拥有更强的职业能力。能力本位教育理念要求教育内容的设计把理论和实践进行结合，强调教学内容的实用性。能力本位教育理念能够帮助职业教育获得更好的教育质量。为了达到能力本位教育理念的要求，除了专业技能的培养，必须重视学生综合素质的培养，只有全面发展的人才，才能很好地适应现代社会的发展和具体职场的要求。

在能力本位教育理念的指导下，教师在设计课程时一定要关注课程是否具有很好的实用性，以及课程能否满足学生的具体需求。另外，课程是否与具体的工作岗位联系紧密也是设置课程时要考虑的重点因素，因为这体现了能力本位教育理念对职业培训的应用性要求。职业教育不同于本科教育，课程设计是否完善以及理论体系是否完整并不是职业教育主要考虑的问题，技能化、职业化以及实践化的能力培训才是职业教育的重点所在。只有综合化的课程设置才能让职业教育蓬勃发展。职业教育的本质是要把知识内化成能力，因此实践化、综合化是课程设置的重点，这就要求学生参与到具体的工作岗位中，在具体的工作岗位中应用所学。

总体而言，能力本位教育理念的出发点是具体工作岗位的具体要求，即要依据具体工作岗位的具体要求建立相应的教学目标，因此职业能力的培养主要依靠的是实践，而不是理论知识。能力本位教育理念下，学习的关键是既要学生主动且积极地参与，也要教师在学习过程中对学生进行知识上的培养和技能上的指导。如果想掌握一项技能，必须在社会中进行实践，在具体的工作中加深对知识的理解，让知识成为技能。能力本位教育理念全面地强调了能力的重要性，把能力的培养作为职业技能培训的主要目标。由于能力本位教育理念能够契合高等职业教育理念，因此在构建教学模式时一定要把能力本位教育理念作为基本原则。在职业能力视野下，可以在以下几个方面完成对教学模式的构建。

（一）把彰显专业特点作为重点

在很多高职院校中，英语是公共课程，在进行英语教学时，英语教师往往把教材内容作为开展教学活动的主要依据，把教学的考核重点也放在学生对教材内容的掌握上。换句话说，高职英语教学偏理论，侧重知识体系的完整性，在模式上类似于本科教育。这样的做法有一个弊端，那就是不能突出不同专业对英语能力和英语知识的不同要求，经过这样的学习之后，学生无法满足具体工作岗位对他们的要求。因此，职业教育要把英语教学的侧重点从通识基础教育转为彰显专业特点的教育。彰显专业特点就意味着在构建英语教学模式时要考虑学生的具体情况以及未来工作岗位的具体要求，在能力本位教育理念的指导下，完成对英语教学模式的重新构建。高职院校一定要构建出一套全方位的英语教学模式，这一教学模式应该既能够满足学生的专业知识需求，也能够满足不同工作岗位的要求。只有这样，教师在进行英语教学时才能够在完成基础知识教学的同时，有针对性地培养学生的专业英语能力。

（二）丰富英语课程的层次

目前很多学校采用的还是比较传统的英语课程体系，这种英语课程体系的层次单一，学生所学的内容相对固定。就所使用的教材来说，虽然难度有所不同，但是内容差别不够明显，无法满足现代职业的具体要求。因此，在能力本位教育理念的指导下，要让英语教学层次丰富起来，体现出英语能力的不同特性，可以采用通用英语能力培养、职业英语能力培养和专业英语能力培养的层次架构。

首先要让学生进行通用英语的学习，具体而言就是学习基本的英语知识，从而获得听、说、读、写、译五个方面的基本能力。其次要提升学生的职业英语能力，这主要指职场中的英语交际能力，这是英语应用能力的具体体现。再次培养学生在具体工作岗位中处理问题的能力。这主要通过练习、交流、实践获得。最后要培养学生的专业英语能力，这是学生进行英语学习所获得的核心能力，它能够帮助学生更好地适应具体的工作岗位。要进行这个方面的教学，教师需要让学生进行专业英语术语的学习，然后让学生对具体的文献资料进行阅读，培养他们深入理解专业内容的能力。

（三）让英语教学模式向多元化发展

职业教育经过长期的发展，已经形成了一种比较固定的教育模式，这在英语课程中尤为严重，很多高职院校是用一套英语教材来引导所有专业学生的英语学习，这样的设计没有考虑到学生对英语技能的多元化要求，不利于学生职业能力的培养。单一的教育模式甚至严重影响了高职英语教学的发展，因此多元化的英语教学模式才是现在职业教育的发展方向。学校在进行教学内容的构建时可以把英语课程分为听、说、读、写、译五个部分，让学生针对自身的需求和兴趣进行学习，也可以把课程体系分为必修课、选修课与实践课等。

（四）要结合学生的具体需求构建教学模式

在能力本位教育理念下构建教学模式时，要重点关注学生的具体需求，把学生的具体需求与岗位的具体要求充分结合起来。具体而言，就是要做到以学生为本，把学生的需求放在英语教学模式的重点位置上，让学生成为教学环节的中心。至于具体的搭建模式，学校可以通过网络民调等形式，让学生发表自己对教学模式的意见，按照学生的需求和具体情况设置不同阶段的教学模式。学生的知识基础肯定存在差异，可以构建具有针对性的教学模式，让英语教学更好地契合每一名学生的情况。

第三节　职业能力视野下高职英语教学现状及问题

通过调查分析发现，在职业能力视野下的英语教学中，学生有以下表现。很多学生觉得自己的英语整体水平较为一般，对提高英语水平缺乏信心，不认为自己能够在大学阶段提高英语水平。

在高职院校中，学生的平均英语水平整体来看确实比较一般，他们的英语基础相对薄弱，例如，一些学生无法独立说出完整的句子。一些高职学生在学习英语时，还习惯采用在高中时的方法，学习状态比较差，无法深入理解相关的知识。这就容易导致学生难以适应大学英语教学模式。相对而言，大学的英语课堂注重听、说、读、写、译全面的能力发展，而高中阶段的学习注重应试性。很多学生在高中阶段的英语学习是理解具体的知识点，基本上就是“教师讲，学生记”，这属于填鸭式的教育。学生平时学习的主要内容就是听讲和做题，在这样的英语教学环境中，学生只是被动地接受知识，没有对知识进行深入理解，也较难对英语学习产生兴趣，反而会产生一定的畏难情绪，丧失学习英语的动力。

英语是一种交流工具，英语学习培养的是学生的语言交际能力，在高中的教育模式下，学生的英语基础得不到良好的培养，因此容易出现英语能力比较差的现象，如听力水平一般、基础知识薄弱、口语能力较差等情况。这是高职院校部分学生英语能力的现状。

有些高职教师专业水平不高，教学能力有待提高。教师的专业水平在一定程度上决定了教学改革的成败，直接影响了教学水平和教学质量。影响教师专业水平的原因有如下几点。第一，公办英语教师大多是师范类专业和英语专业的学生，长期以学科为基础的传统教学理念深刻影响着他们对高职英语教学理念的理解。在日常教学中，他们比较注重“以教师为中心，以学生为辅助”，并且认为这种以教师传授知识为中心的教学模式结构完整、阶段分明，在课堂教学中发挥着比较好的作用。许多教师倾向于用硬性指标来评估学生，比如学生在课堂上掌握了多少个单词，能阅读多少个句子，以及理解了多少个语法知识。他们认为只有当这些硬性指标达到预期要求时，才算达到了教学目标，才算学习到了知识。但是这种教学方法相对简单，教学模式相对滞后，忽视了课堂上师生的双向互动，忽视了学生实际应用语言的能力，这样的教学理念势必会严重挫伤学生学习英语的积极性，教学质量也会受到影响。第二，教师教学任务繁重，较难抽出时间学习相关专业知识及新的教学理念和方法。如果英语教师的知识面太窄，不能灵活运用英语教学内容和教学方法，将会直接影响教学效果。第三，学校对英语教学不够重视。一些高职院校注重专业课程建设，对公共课程投资相对不足，较少对英语教师进行实践培训，导致英语教师教学水平较差且较难提升。

还有一个比较严重的问题，那就是很多高职院校的办学条件一般，较难满足职业教育对英语教学的各种需求。众所周知，教学条件与教学环境是保障教学良好开展的基石，是培养人才的重要条件。如果有优秀的教学条件，那么英语教学就能够更好地开展，就更有利于培养学生的职业能力。

从目前的情况来看，很多高职院校的经费有限，因此优先发展的是专业课程建设，英语作为一门公共课程，没有受到学校的足够重视。在这样的情况下，英语教学的一些必备设施就无法得到很好的建设。比如，很多高职院校缺乏让学生进行英语实训的工具，学生的英语应用能力培养受阻。有些英语教学需要利用比较先进的教学设备，但是很多高职院校无法满足这些要求，只能提供传统的教学设备，这不利于英语教师顺利地开展教学活动。另外，高职院校的办学场地不足，英语教学场景被限制在教室之中，很多练习实践情境无法模拟，限制了学生英语应用能力的培养进程。

没有优质的办学条件致使英语课程的地位逐渐边缘化，有些高职院校甚至会缩短英语课程的课时，这对学生英语能力的培养非常不利，因为英语应用能力是一项需要积累和练习才能进步的能力，如果不能进行系统的学习，没有锻炼应用的机会，学生就无法提升英语应用能力，也就无法使之成为一项技能，更无法在未来的工作岗位中有效使用英语。

在以上的这些情况下，英语教师的教学工作较难开展，教学热情也容易会被打击，而学生本来的英语学习兴趣就不高，在英语教学得不到学校的重视时，学生更不倾向于在英语学习上花费时间，这就容易导致英语教学的效果越来越差，甚至沦为形式化教学，难以取得应有的效果，难以让学生的能力得到提升，不利于他们的职业发展和工作实践。

现阶段，除了以上的英语教学现状，英语教学中还存在以下几个方面的问题。

一、教学理念亟待改变

（一）没有突出对职业能力的培养

从目前的英语教学现状来看，很多学校对学生的要求是掌握基础知识，注重学生的英语阅读理解能力。虽然很多学生能够在应试考试中取得不错的成绩，但是他们不知道如何运用所积累的知识，比如无法用英语进行基本的交流，不能在具体的应用场景中将书本上的知识转变为相应的技能。

职业能力培养的目的是为社会输送专业性强的实用型人才，但很多教师受传统教学模式的限制，仅仅把传授知识作为自己的任务，没有考虑到社会的需求。随着社会的发展，旧的经验和模式不再具有适应性，如果只是一味地将英语单词或者语法等基础知识作为教学的主要内容，那么学生只是知识的获取者，无法成为运用知识的现代化职业人才。如果学生在学校没能培养出良好的知识运用能力，那么他们在职场上的发展会受阻。很多教师没有意识到传统的填鸭式教育对于学生职业能力培养的限制。在课堂上，教师以口述知识为主的教学模式未考虑学生是否参与到了课堂之中；在考核中，教师仅以学生的应试成绩为标准来判断学生的知识掌握程度。这种只向学生“填”知识的教学方式，无益于学生真正掌握知识。

英语是一种交流工具，是一项技能，即使学生在学校掌握了大量的英语单词和牢固的语法知识，如果学生不能将所学的英语知识用于实践，不能解决问题，在职场中不能进行口语交流或者书面写作，那么英语教学就没有达到目的。

（二）教学目标不够明确

当学校在设计教学目标时，会把学生的全面发展作为重要的指标。但在实际教学过程中，学校关注的都是学生专业能力的培养与发展。有些教师以学生通过期末考试或者全国大学英语四、六级考试作为最终的教学目标，这其实对职业能力的培养来说是不够的。

目前英语方面的人才短缺。但是因为这些学校在这方面的导向不够明确，课程设计不够严谨，与其他专业的联系不够紧密，使学生的职业能力较难获得质的提升。一些学生自身的目标也不够明确，存在着英语学习仅仅服务于“考证”这样浅薄的观念，没有认识到英语对自身职业能力提升的重要性。一些学生有这样一个认知误区：英语学习对自己的未来发展帮助不大，在未来的具体工作中不需要使用英语。也因为这一点，学生主动学习的意愿不强，再加上教师和学校对英语教学的认知不够全面，一些学生开始随波逐流，应付教师布置的学习任务或者为了考试而学习，这不是正确的学习观念，无法切实提升学生的英语能力，不利于学生适应未来的工作岗位，也不利于他们日后的全面发展。

（三）教学评价体系不够完善

教学评价是教学活动中的一个重要环节，它能够对教学质量进行评估，也能够对之后的教学活动起到指引作用。如果教学评价体系不够完善，整个教学体系的搭建都会受影响，因为两者是相辅相成的，如果有良好的教学评价体系，教学体系也能得到逐步完善。

在公共英语的教学之中，应该参考工作岗位所需要的具体能力进行教学评价体系的构建，这样能够使学生的能力满足岗位需求，也能使英语教学具有针对性和目的性。但在当下的英语教学之中，教学评价体系未能得到完善，部分标准相对单一，主要还是针对平时表现和考试成绩来进行评价。平时表现是对学生日常学习时所表现出来的学习态度，课堂参与度，以及课后作业完成情况等学习过程进行评价。但这一般在整体的教学评价体系中占少部分，主要的评价标准还是参照期末考试成绩或者是全国大学英语四、六级考试成绩。这导致很多学生甚至教师把学习和教学重点放在考试上。因为没有完善的英语教学评价体系，学生所学的内容也比较单一，所以很多学生只愿意掌握基础的英语知识，以此来应对各种考试。在这样的情况之下，学生无法将英语应用于实践，无法培养相应的应用能力。

另外，有些学生会因为英语教学考核体系的不完善而受到一些不全面、不客观的评价，这会进一步影响学生学习英语的积极性。长此以往，英语教学无法取得应有的效果，学生的职业能力也得不到良好的培养。

二、教学内容需要更新

（一）教学方法单一

通过调查分析发现，目前很多教师在进行英语教学时还是利用较为传统的方法，而不少学生已经对这些方法失去兴趣。学生想要教师在课堂上采用一些有趣的教学活动来激发他们的学习兴趣，更希望在课堂中学到一些与工作相关的英语知识，以便在以后的工作岗位中实践运用。但很多教师采用的教学模式并不是学生所希望的，所教的知识也与具体的工作关联性不大。这就导致学生越发抵触英语学习。目前大班教学的模式仍然占据着很多英语教学课堂，以教师为主进行知识传授的教学方式占主导，在这种情况下，学生能做的只有被动学习。这其实没有摆脱应试教育的影响，无法真正地激发学生主动学习的兴趣。再加上很多学生的基础比较差，传统教学模式的枯燥无趣只会让学生更反感英语学习。单一的教学方法很难让学生感到满意，学生会逐渐丧失对英语学习的兴趣和信心，他们的英语水平自然很难适应日后工作岗位的需求。教学方法方面的问题导致英语课堂的效率低，限制了学生的思维培养和视野拓展，影响学生的进一步发展。因此要更新教学方法，使之多元化、多样化。

（二）教学内容缺乏职业性

职业教育的目的是为社会输送技能型人才，应用性是职业教育的特点。很多学生在接受职业教育之后从事的工作一般在生产建设的第一线。职业人才的培养是国家发展的基础，因此英语课程的设计要注意与专业要求相结合。但事实上，不同专业所设置的英语课程相同，不同专业学生所学习的英语内容几乎是一模一样的，这种情况并不少见。让不同的专业使用相同的英语教材，没有和专业进行结合，忽视了具体职业岗位的要求，缺乏职业教育应有的独特性和专业性。因为英语学习的内容与工作岗位联系不够紧密，所以有些学生在英语课堂上处于随意、散漫的状态，对各种学习任务抱以敷衍应付的态度，这不利于英语教学的开展，也不利于学生英语能力的提升。

很多学校其实也缺乏具有相应能力的教师，无法使英语教学完成从基础英语向职业英语的转化。很多教师只是具备教授基础英语知识的能力，他们关注的是将英语知识教给学生，忽视了把英语与具体专业相结合，而这样的教学内容不注重实践性，无法满足具体工作岗位的要求。

第四节　职业能力视野下高职英语教学的策略

一、教学理念方面的改进

（一）重新树立教学目标

目前，很多学校进行的英语教学以知识传授为主要目标，而为了更好地培养学生的职业能力，需要重新树立英语教学目标。由于高职教学的目的应以职业能力为出发点，新的英语教学目标应该在职业能力视野下进行调整更新，具体来说就是要进行能力本位教育。能力本位教育指通过技能教学完成对学生职业能力的培养，从而更好使学生适应现代岗位的具体要求。能力本位教育把职业技能的培训放在教学体系的主导地位，它关注的是职业岗位的具体需求。在能力本位教育过程中，学生需要发挥自己的主观能动性，深入自己所学习的内容之中，而且需要及时对学习成果进行阶段性评估。在进行以职业能力培养为导向的教学中，除了学习专业能力，也要结合具体的职业岗位扩展学习内容。一般来说，在能力本位教育过程中，教学的形式丰富多样，而且具有很大的灵活性。

能力本位教育理念把教学培训的重点放在具体能力水平上，这种能力就是一个人的综合素质，而且这个综合素质一般要结合具体的工作岗位来看。因为职业教育的目的就是提高学生的工作能力，促进学生就业，即让学生通过相关的知识技能学习，提高综合能力与素质，以契合工作岗位的要求。职业教育从本质上来说就是进行能力本位教育，是将专业能力和岗位需求充分结合起来的教育。

以职业能力的培养为导向，实质上就是培养学生的职场生存能力，而英语能力就是一种非常重要的职场能力。在进行英语教学时，一定要把重点放在应用能力的提升上，因为对职业教育来说，一项能力的应用情况才是最为关键的。此外，要注意培养学生的创造性思维，以及学生的合作能力和社交能力，这样的培养才符合能力本位教育理念的要求。在能力本位教育的模式下，学生不仅能够提高英语应用能力，也能够提高职场能力，因为合作能力与交际能力都是职场必备能力，而思维和方法上的培养能够让学生在工作岗位上更好地进行创新。总体来说，在能力本位教育理念的要求下，以下几个方面的能力培养应该是英语教学的新目标。

首先，培养学生运用英语交流的能力，这涉及专业技能在实际工作岗位中的具体应用。它要求学生能够自主地在工作岗位上开展工作，并且能够结合自己所学的专业知识完成工作。另外，在工作时要有一定的逻辑性。这就要求对工作过程做出比较合理的评价，从多个角度思考问题，对具体的工作任务进行全面分析等。这在英语教学中就要求学生掌握一定的英语知识，争取能够用英语进行流畅交流，并能够把灵活应用英语的能力与具体工作岗位紧密结合。只有这样才能够让英语学习实现它应有的价值，即把英语作为一种交流工具来使用。学生在进行英语学习的时候，除了要巩固英语听、说、读、写、译的能力，还应该多了解西方的文化，只有深入一种语言的具体文化中，才能恰当有效地运用这种语言。

其次，培养学生的集体协作能力，集体协作能力也是一种应用较广的职场能力。集体协作能力是职场能力的组成部分，它包括表达自身需求和完成与他人互动的社交能力，也包括在工作中运用谈判和协商的方式处理具体问题的能力。学生进入职场后就成了社会的一分子，要快速适应变化的社会。人是社会动物，具有复杂的社会关系，如果想处理好这些关系，就必须掌握基本的社交能力，同时要明确不同身份承担的不同责任与义务。明确分工让每个职场人士必须肩负起自己的责任，这要求每个职场人士必须与同事和谐相处、团结协作。在工作中，进行无障碍交流是集体协作最基本的一项要求。因此，通过具体岗位的需求综合来看，高职院校的英语能力培养目标是让学生具有集体协作的意识，拥有参与集体协作的能力。要培养学生集体协作的能力，教师需要以身作则，引导学生树立正确的价值观，也要教育学生做人做事的原则和方法，更要培养学生的职业精神，要让他们知道集体协作的重要性。英语课程的主要目标就是让学生的社会能力得到提升，并且把它们运用到具体的工作岗位中。

最后，培养学生的创新思维和创新能力。随着社会的进步，创新能力将是工作岗位中最具竞争力的职场能力，谁拥有更强的创新能力，谁就能够更好地适应时代社会的发展。这给职业教育提出的要求是：让学生学会自主学习和独立思考，并且通过发散思维凸显自己的创新能力。在英语学习中，拥有创新思维有利于激发其他能力，例如把基础的英语知识快速转化为交际能力，结合工作岗位的需求提升自身的英语能力。

（二）坚持以学生为本的教学方针

第一，要完成英语教学主体的转变。在传统的教学理念中，教师是英语教学的关键人物，他们承担着主要的英语教学任务。实践发现，这种教学理念存在问题，不利于学生英语能力的培养。在职业能力视野下，英语教学应该秉持以学生为中心的理念，培养学生的自我探索的精神，激发学生的主观能动性，让学生带着兴趣完成英语学习。英语教师需要把课堂的重点放在学习上而非教授上，要把课堂时间交给学生，让他们带着问题进行探索式学习，而教师主要起到指导的作用。既然要以学生为中心，教师的角色则要相应地进行转变，要区别于过去以教师为中心的教学方法。在以学生为中心的教学理念之下，教师会成为一个组织者，负责把控学习活动的大方向，让学生主控课堂的细节及各种活动的实施；教师也会成为指导者，引导学生进行自主学习，要让他们对英语学习产生兴趣。当学生产生畏难情绪时，教师要疏导学生、鼓舞学生，让他们重拾学习英语的信心。在学生完成学习任务时，教师应该积极地对学生的表现进行评估，要让他们知道自己哪些方面表现得好，哪些方面存在不足。

第二，要培养学生的自主学习能力。时代快速发展，一切都处于变化之中，很多知识和技能随时会被淘汰，因此自主学习能力至关重要，它能够帮助学生更好地适应时代发展，让学生在风起云涌的时代浪潮中立于不败之地。在职业教育中，自主学习能力的培养也是教学的关键。正所谓“授人以鱼不如授人以渔”，当学生拥有自主学习的能力时，他们的其他能力也能相应提升。自主学习能力一般包括自主获取知识并加以应用的能力，以及在获得知识之后对知识进行升华的能力，具体而言就是能够通过自己的思考来分析问题，并探索出解决问题的方法。在英语教学中，要让学生成为知识的建构者，让他们完成对知识的自主学习，教师可以通过帮学生建构意义来促进学习，而不是将知识“填鸭式”地传授给学生。英语教师要做的不是传授者，而是自主学习的推动者，要让学生通过自我探索完成对英语知识的学习。当学生完成了英语课程时，他们可以获得一个较为完善的语言体系，而当他们参与工作之时，利用在学校中培养的自主学习能力可以对自身的语言体系进行扩充和发展。自主学习的目的是在没有老师指导的情况下，学生也能自主提升英语能力。对于接受职业教育的学生而言，英语教学的作用就是让英语成为一个桥梁，带他们跨越浩如烟海的专业知识，获得职业岗位所需要的能力。

在我国英语教学中，教师喜欢进行纯知识灌输，在这样的情况下，很多学生的自主学习能力没有得到良好培养。当这些学生走向社会、参与工作时，由于没有教师指导，他们往往就丧失了学习英语的能力，无法进行长期学习。

很多职场人士甚至忘记了英语基础知识，但他们因工作岗位的需要，又要重新学习英语，如果没有在学校培养出自主学习的能力，他们只得依靠培训机构来完成对自身英语能力的再培养，这也从侧面反映了我国英语教育的不足。为了拥有终身学习的能力，学生在校期间一定要注重自主学习能力的培养。自主学习是培养英语能力最有效的方式，而且它具有长期性，不会让学生在走出校门之后把英语知识忘得一干二净。自主学习能力是适合当代职场的能力，也是每一名学生都应该具备的能力。

第三，要全面地提升教师的综合素质。在职业能力培养的视野下，高职英语教师除了要教授理论知识，还要培养学生的职业能力。在这样的情况下，为了更好培养人才，高职院校要注意培养教师的综合素质，着重培养“双师型”教师，要让“双师型”教师的占比增加，话语权增加。所谓“双师型”教师，指既能胜任理论教学，又能指导学生实践的教师。他们把理论知识传授给学生，让学生具备很好的专业能力，能够在未来的工作岗位中处理具体的专业问题；指导学生的职业实践，培养学生的职业能力，将学生培养成符合现代职业要求的职场人士。从对英语教师的培养上来说，“双师型”教师必须拥有深厚的理论知识，同时拥有比较熟练的专业技能，除此之外，教师要具备很好的职业道德素质。“双师型”教师最主要的特征就是教师拥有技能和专业两方面的能力，能够全方位地培养学生。

（三）完善英语教学评价体系

为了能够更好地以职业能力为导向进行英语能力的培养，英语教学的评价体系必须进行改进和完善。除了在具体的教学中把职业能力的培养放在关键位置，在教学考核体系中也要把职业能力作为重要的评价标准。要完善英语教学评价模式，就要明确一个基本的评估制度，评估制度一般要和教学目标紧密结合。目前，部分高职院校没能形成适合自己学校的教学评价模式，依旧以教育部制定的高等学校英语应用能力（A/B 级）考试为英语教学考核的评价标准。这样做的缺陷很明显，那就是英语教学评价体系单一、片面，无法从多方面对教学情况进行客观评估，无法让英语教学中的问题暴露出来，从长远看不利于学生职业能力的培养。因此，学校应该建立一套科学且完善的英语教学评价体系，用于评价英语教学的具体情况。这既有利于教师了解自己的教学情况，发扬做得好的地方，积极学习他人或学习新方法以弥补自己做得不好的地方，也有利于让学生认识自身的基础知识掌握程度，从而针对性地进行英语应用能力的培养和提高。

完整的教学评价一定要包含过程性评价和结果性评价，这样才能够比较全面地评价学生的整体学习情况。以下是几种比较常用的评价机制，它们可以单独使用，也可以组合使用。利用这些评价机制，可以进一步完善英语教学评价体系。

第一，职业化的评价机制。高职院校中的英语教育毫无疑问是面向具体工作岗位的，学生学习英语是为了更好在职场中运用英语，因此教师在设立评价机制时，一定要考虑将评价机制职业化。教师可以通过模拟具体的工作环境为学生提供英语交流的环境，并根据他们的具体表现对学生的英语能力进行评估，将这一评估结果纳入过程性考核。这种考核方法除了能够评价学生的英语能力，也能在考核过程中观察学生其他方面的能力，如沟通交流的能力和创新能力。教师很容易在这个过程中对学生的英语基础进行全方位了解，从而对教学效果和教学方法进行评估。另外，不仅教师能够参与评估过程，学生也能对自己或其他同学的表现进行评价。当学生收到教师和同学的评价之后，也能够总结自己的不足，然后有针对性地提高自己的能力。职业化评价机制不仅兼顾了过程性评价和结果性评价，也兼顾了英语专业能力和职业能力的综合培养。

第二，多元化的评价机制。多元化的评价机制符合工作岗位对学生全面发展的要求，能够帮助学生完成各种能力的培养和综合素质的提升。多元化就意味着要利用多个标准、多个策略对学生进行立体化的评价。例如，教师不仅要对学生的基础知识进行考核，也要对学生的学习态度、思维能力，以及课堂参与度等进行评价。学生作为受教育者，对教师传授的知识进行了重组，因此对英语教学进行评估时，要从不同的角度进行评估。例如可以选择多元化的评价对象。此前是教师对学生进行评估，形式单一，现在可以把学生之间互相评估、学生对自身的评估，以及教师给出的评估结合起来。

第三，动态化的评价机制。建构动态化的评价机制主要目的是更好地提升学生的综合素质，更好对学生整个学习过程中的状态进行评价，同时让学生关注到自身的全面发展。动态化的评价机制能够关注到学生的学习目的和学习情绪，这有助于对学生的职业素养进行针对性提高，从而适应工作岗位对人才职业能力提出的新要求。在动态化的评价机制中，教师的教学热情普遍来看是比较高涨的，可以更好地对学生进行指导，对提升学生的综合能力有积极的作用。培养学生的职业能力，除了理论方面的知识培养，更重要的是具体实践。在高职院校的日常环境中，部分学生的学习态度较差，学习上无法形成竞争的氛围，因此丧失了自控力，教师的提醒和约束起不到什么作用。但当这些学生参与实习之后，自身能力与工作岗位不匹配的现实能够帮助学生认清自己，他们的态度也能够在返校之后有较大的转变，对英语学习也开始重视起来。这个情况存在于很多高职院校中，这就要求学校和教师不能用静态的眼光，而要用一种动态化的眼光对学生进行评价。在客观的评价体系之下，学生能感受到公平、公正，从而产生对英语学习的兴趣，也能够逐渐恢复对英语学习的信心。

二、教学模式上的改进

（一）教学内容的更新

1. 在培养职业能力的导向下对英语教学内容改革的意义

职业教育中的英语教学是职业能力培养的重要组成部分，通过英语学习，学生能够积累一定的英语基础知识，具备一定的听、说、读、写、译能力，也能够在具体的工作岗位中利用英语进行交流和沟通。也就是说，英语教学内容应该基于能力本位教育理论。这就要求以具体的工作岗位为导向，全面培养学生的各种素质。由于职业教育的核心就是要注重应用性与实践性，因此英语教学内容的设计一定要考虑学生的实际情况和社会的具体需求，要对教学内容进行更新，也要对课程结构进行重组。更新后的教学内容不仅要突出基础能力的应用，更要关注对具体职业能力的培养。为了让英语教学更好地为培养人才而服务，高职英语的教学内容要尽量在能力本位教育理念下进行更新与设计。

在当下的职业教育中，英语教学内容没有凸显出职业能力培养的特征，采用的教材比较陈旧，没有紧跟时代，也没有与具体的专业课程相结合，学生的能力在这样的情况下无法得到很好的培养。在高等职业教育中，英语教学应该帮助学生尽量地提高综合素养，同时要培养他们承担具体工作所需要的英语能力，因此英语教学的内容要尽量契合专业的需要，重点培养学生的应用能力，一定要满足“必须、够用”原则。“必须”指这些能力是所有工作岗位都要求的必须具备的基本英语能力，“够用”指职业教育要有针对性，尽量培养学生满足自身发展所需要的能力。英语教学时，要依据国家的《关于职业院校专业人才培养方案制订与实施工作的指导意见》《职业教育提质培优行动计划（2020—2023 年）》等文件，教给学生具体工作所需要的专业知识，培养学生基本的职业精神。在教学过程中，要循序渐进地引导学生，由浅入深地培养学生的职业能力，让他们能够在走进社会之后快速完成由学生向职场人士的身份转变。教学时，一定要考虑学生的实际语言水平，用发展的眼光看待学生的发展以及学生的能力提升，首先应该完成基础知识的教学，然后要与职业需求结合起来，以一般职业标准作为英语水平提升的方向，从基础到升华，从浅层到深层，从最基本的职业英语知识到适应岗位的英语应用能力，这恰好体现了英语学习的阶段性特点。英语教师可以充分地了解专业教师在专业能力方面对英语知识的需求，也可以向已步入职场的毕业生询问关于英语学习内容的意见，甚至可以亲自去一线工作中观察，直接向一线的职场人士询问具体的工作对英语学习的具体要求。明确教学内容时，既要看重基础，也要联系具体的专业，只有这样才能为社会的发展培养应用型人才，让英语能力为具体的专业能力服务，让英语教学更好地满足职业教育的具体要求。

2. 在培养职业能力的导向下对英语教学内容改革的原则

在高职院校注重培养学生的职业能力的背景下，英语教学内容的设计上要以具体的需求为主，要以职业岗位所需要的具体能力为导向，把重点放在学生迈入职场时可能遇到的具体问题上，帮助学生快速适应工作环境。要想完善英语教学体系，就要让英语教学内容契合社会发展对语言能力的高要求。所以，在能力本位教育理念中，设计英语教学内容应该遵循以下原则。

第一，应用性原则。职业教育的应用性很强，主要面对的是具体的职业问题，要让英语学习能够为解决这些问题而服务。在设计英语教学内容时，既要设计基础的公共英语课程，也要针对不同的专业开设相应的专业英语课程。让学生除了要牢固地掌握基础的英语知识，也要掌握自己专业所特有的英语术语，更要掌握基本的英语应用能力，例如用英语进行交流与沟通，阅读专业的英语书籍。要结合专业的具体特点和职业的具体要求拓展学生的英语应用能力，让学生有能力解决专业的英语问题。例如，设计经济贸易专业学生的英语教学内容时，在设置基础英语课程的同时，还要设置专业所需要的商务英语课程，让学生把学到的英语知识应用于专业领域。

第二，实践性原则。英语作为一项工具，它是为提升学生的专业技能而服务的。如果让英语知识脱离学生的专业能力培养，那么英语教学就失去了意义。为了突出英语教学的实践性，在设计英语教学内容时，既要满足学生对于英语考试、考证的要求，也要满足具体工作岗位的具体需求。在基础知识的教学中，尽量培养学生听、说、读、写、译能力，然后对知识进行升华，把知识与专业技能结合起来，引导学生在自己的专业领域内运用英语能力，这既能够培养学生的英语技能，也能够提升学生的专业技能。在能力本位教育理念指引下，要在教学内容中增加实践性的教学环节，让学生能够模拟在具体的工作环境中使用英语的情形，为学生以后的工作实践打好基础。

第三，开放性原则。在长期的教育实践研究中，很多专家发现学生的创新能力与知识面的宽度以及综合应用知识的能力有关。因此，在设计高职英语教学内容时，不能只停留在课堂内容的学习上，要让学生扩充自身的知识面，让学生去学习书本之外的知识。在培养英语能力的同时要培养学生其他能力，让学生充分理解所学内容，并将之用于实践，这样才能在开放性原则下激活创造力。

第四，“实用为主，够用为度”的指导原则。当对英语教学内容的体系进行搭建时，“实用为主，够用为度”是一条比较基本的原则，它的主要含义是要把英语教学与具体工作岗位紧密地结合起来，以保障英语学习的实用性。职业教育培养的能力以够用为原则，无须像本科教育体系一样完整而系统地进行知识学习。既然是职业教育，那么所有的教学内容都应该与职业岗位相结合，要让英语教学更好地为学生的专业能力提升而服务。教育部高等教育司发布的《高职高专教育英语课程教学基本要求》中明确地强调了高职英语教学应该遵守的原则就是“实用为主，够用为度”。为了契合教育部的要求以及社会发展的具体需要，在设计高职英语教学内容时一定要将基础的理论知识和具体的专业能力培养结合起来，让学生感到英语学习是有用的。英语教师也需要注意，知识的传授只是一方面，更重要的是让学生掌握具体的能力，只有这样才能让学生在未来的就业时更有竞争力。

3. 在培养职业能力的导向下对英语教学内容改革的具体措施

虽然英语教学已经进行了一定程度的改革，但是通过调查发现，还是有很多学生的英语素养较差，英语应用能力差，基础非常薄弱，英语教学并没有取得良好的结果。出现这种情况的原因是很多学校没有按照能力本位教育理念来设计英语教学的内容，这与职业教育的目标是背道而驰的。利用能力本位教育理念和职业教育理念对学生的英语能力进行培养，就要对英语教学内容进行改革。

第一，注重英语应用能力的培养。近年来，我国的高等职业教育在飞速发展，招生规模在不断扩大，但进入高职的学生整体学习成绩较差，英语能力较为一般。很多英语教师反映学生的基础太差，甚至简单的英语表达都不会。由于基础知识匮乏，很多教师就在课堂上为学生补充基础知识，因此前期的很多课程以补英语基础为主，这无法起到培养职业能力的效果。因此，教学内容一定要考虑实用性，要把教学重点放在对英语应用能力的培养上。英语是一种交流工具，英语教师可以把主要的教学内容放在如何用英语进行交流上，先培养学生的听、说能力。高职学生更看重技能应用，对他们进行能力培训时一定要有侧重。

第二，学习工作岗位所需要的英语词汇。英语词汇是英语的基础，想要提升英语水平，词汇是必不可少的，离开了词汇，英语学习就像是一座失去了地基的大楼，无论多么富丽堂皇的建筑，没有地基的支撑，都是空中楼阁。在职业英语教学中，教师会添加很多他们认为重要的词汇，但是英语教育发展到今天，很多所谓的重点词汇学生在高中阶段已经学习过了，这就造成了时间和精力的浪费，并且这些词汇与学生专业能力的培养和未来工作岗位的需求结合得不够紧密。英语教师不应该继续把时间浪费在所谓的重点词汇上，应该做的是给学生提供工作岗位所需要的英语词汇，让单词学习与专业技能的学习产生联系。教师需要对学生进行引导，让学生进入职业词汇的学习中来，这样才能够显示出职业教育对英语教学的职业化改造。

第三，进行职场口语训练。在目前的英语教学中，口语训练的重点是日常生活用语，例如介绍自己、问候他人、感谢致词、表示歉意，以及表达需求等，其实这些话题在中学阶段已经学习过，大学阶段再进行学习的实际意义不大。教学内容设置的不合理，会导致学生无法锻炼自己的职场口语，满足不了具体工作岗位对学生职业能力的需求。因此在进行英语教学内容的改革时，要把工作岗位的需求放在首要位置，具体而言就是扩充职场口语交际的内容，把职场口语作为知识体系的一部分放在英语教学内容的构建之中，让学生能够在课程的学习之中培养自己的职业英语口语能力。

第四，培养职场中所要求的读、写、译能力。很多高职院校在英语学习方面对学生的要求是通过全国大学英语四、六级考试，甚至把是否通过该考试与毕业证相关联，导致很多学生在学校中进行英语学习的主要动力就是通过该考试，英语教育逐渐成为英语考试的工具，无法满足未来岗位对学生的要求。因此在进行英语教学内容的构建之时，要训练学生的读、写、译能力，只有这样才能让学生在处理英语材料之时游刃有余。在读这个方面，拓宽学生阅读范围，给学生推荐专业方面的英文文献和书籍；在写这个方面，学生要多在日常生活进行练习，把自己的想法用英文书写下来，也要多练习写应用文的能力；在译这个方面，学生要先练习对英语文章的理解能力，在读懂文章的基础上用比较通畅的中文进行表述。对英语教师来说，应该在职业能力培养的视野之下，对教学内容进行合理安排，要让学生具备读、写、译的基本能力，并且能够在未来的工作中加以运用。

第五，培养学生的综合素质和学习习惯。在高中阶段的学习中，学生面对升学的压力会选择只关注考试，不关注自身综合素质的发展。但进入大学之后，情况不同了，学生要接受素质教育理念，通过自主学习成为全面发展的人才，只有各个方面全面发展的人才才是社会所需要的。因此在职业教育英语教学内容的改革之中，一定要关注学生综合素质的发展。而学习习惯也是能力本位教育理念中需要重视的一个方面，一个人的学习习惯可以决定他能否进行行之有效的学习，能否贯彻终身学习理念。教师需要注意把学习习惯的培养放在重点位置上，培养学生的自主学习能力。这样高职院校才能培养出综合素质出众且拥有良好学习习惯的优质人才。

第六，要在学习内容中添加西方文化的内容。英语是一种世界性的语言，在经济全球化的大背景下，国与国之间的贸易往来必然会越来越多，国与国之间的交流也会越来越频繁。虽然由于文化背景的差异，很多壁垒无法打破，但在大部分情况下，熟知中西方文化，才能够准确地用英语表达自己的观点，不至于让人误解。因此在培养学生英语能力时，要让学生对西方文化有比较全面的了解。

（二）教学方法的转变

在职业能力培养的视野下，教学目标的树立是为了通过具体的教学内容提升学生的职业能力。职业英语教学不仅要培养学生的英语应用能力，也要培养学生的具体职业素养。英语教师需要在比较短的时间内完成对学生全方位素质的培养，其中既包括讲授基础的英语知识，也包括培养职业能力，这样的教学方式对很多英语教师而言是比较大的挑战。在英语教学中，教学方法的改变可以帮助教师完成对不同能力水平学生的统一教育，帮助教师提高课堂效率。英语教师可以探索一些充满创造性和灵活性的教学方法来完成教学内容。传统的职业英语教育包括单词教学、文本阅读和课后练习，单一的教学方法无法有效提升学生的英语能力和职业能力，学生普遍出现学习动力不足、学习信心丧失、没有学习兴趣的现象。如果想让英语教学更好地为未来的工作岗位服务，就要摒弃效率低下的单一的教学方法，而要采用多样化的教学方法进行英语能力的培养，让学生积极地参与英语学习。以下是转变教学方法的具体方法。

1. 采用多样化的教学方法

首先，可以采用角色扮演的方式提升学生的英语应用能力。当教师完成基本知识的教学之后，可以让学生扮演不同的角色朗读英语对话，通过对话练习提升学生的口语能力，这也能帮助学生理解英语知识。教师也可以模拟具体的工作环境，让学生扮演不同的角色，通过角色扮演让学生认识到工作岗位的具体需求，从而让学生在日后的工作中更好地处理问题，培养学生对未来工作岗位的适应能力。

其次，可以让学生进行个人演讲。把课堂当作一个表现自我的大舞台，不仅教师能够在这个舞台上展示自己的知识水平和综合素质，学生也有表现自我的机会。通过个人演讲的方式，学生不仅可以锻炼口语表达能力和语言应用能力，还能够在演讲的过程中获得勇气。传统的教学方法不利于学生主动探索，但在个人演讲的准备过程中，学生能够最大限度地发挥自己的主观能动性，主动搜索、获取、运用英语知识。最重要的是，个人演讲也能够激发学生的创造性思维。

2. 利用现代化方式完成教学方法的扩展

随着计算机技术和互联网技术的飞速发展，英语教学的手段得到了扩展，很多现代化技术也应用到了英语教学中。在具体的教学实践中，很多教师会运用多媒体技术完成授课，而发达的网络资源可以帮助学生进行多种形式的学习，避免了以往只靠教师讲解的单一化的教学模式。在多媒体或网络技术帮助下，英语教师只需要充当学习的指引者和解惑者，就可以满足不同层次学生的学习需求。而利用多媒体或者互联网进行教学可以从以下几个方面进行。

第一，教师可以利用PPT讲课，在PPT中尽量设置动画、音频等能够激发学生学习兴趣的元素，少放枯燥的文字，以免多媒体教学失去原有的意义。利用学生感兴趣的元素可以吸引他们的注意力，让学生积极地参与课堂学习中和英语能力的培养过程中。在课堂内容的设计上，教师要注意活跃课堂气氛，促进学生互动，提醒学生遇到不懂的问题要及时询问，争取让学习效率最大化。

第二，让学生利用网络来学习。在课后，英语教师可以明确告诉学生需要上网搜索学习内容，让他们主动学习。教师布置的作业也可以在网上进行作答和修改，让学生感受到在网络上学习的乐趣，这也能够帮助教师摆脱课堂的限制，随时随地进行英语内容的教学。教师还可以组织QQ群或者微信群，在群组里探讨问题，分享资料，答疑解惑。利用网络进行英语教学也契合学生的需求，让他们在一种较为轻松的环境中完成英语能力的培养和职业技能的提升。

第三，通过网络资源开拓视野。在空闲时间，教师可以播放一些英文电影，目的是介绍西方文化，在轻松的氛围中向学生传递西方观念、习俗等课堂中学不到的知识，同时锻炼学生的听力。

（三）采用新的教学组织形式

1. 采用合作教学的新形式

高职院校中，进行英语教学的主场是课堂。想要更好地培养学生的英语综合能力，可以采用交流学习法，具体而言就是把听说训练作为培养英语能力的基础，让学生自主学习。教师在设置课程时要注意以任务为导向，让学生在具体的工作岗位情境中完成学习任务，提升英语能力。而合作教学的新形式可以用大班授课和小组合作相结合的方式来完成。

大班授课时，教师的教学任务是讲授基础知识，将英语学习中的基础知识以“实用为主，够用为度”的原则为学生讲解清楚。除了讲授语言学习上的难点和传授具体的学习方法，教师也要解答学生在学习过程中提出的问题。在小组合作时，应该重点对学生的语言应用能力和具体工作岗位的职业能力进行培养。小组合作时要按照学生的学习能力、水平等的综合情况，把学生分为若干个小组，要保证每个小组中每个层次的学生都有。既然是小组合作，就一定要讲求合作和互助，要让每一名学生都参与小组学习，并给予小组充分的自由度，激发学生对英语学习的兴趣，加强学生学习英语的主观能动性。

小组合作的形式最好包含以下内容：用口语完成日常交流，组内所应讨论的具体问题，提前准备好所需模拟的职场情境。在小组合作学习时，一定要在职业能力的视野下进行。教师在这个过程中起到的作用就是引领和组织，小组合作学习之后，教师要让小组成员展示学习成果，然后对学生的学习情况做出评价，以便让学生及时发现自身存在的不足之处。在调查中发现，通过小组合作的形式能够很好地让学生感受到英语学习的魅力，也能够在合作过程中培养学生的集体协作能力和交际能力，对学生综合素质的培养也起到了良性的影响。

小组合作形式能够让大班教学的基础知识得到应用，也能让学生的英语应用能力和职业素养获得长足的进步。除了大班授课和小组合作的形式，学校还可以开展选修课，帮助学生完成其他能力的培养，例如口语或者写作能力的针对性训练，国外文化和文学的相关课程等。

2. 布置与专业相关的课后自主学习任务

在英语能力的培养过程之中，自主学习能力的培养是重中之重，而要想培养学生的自主学习能力就必须让学生在课后完成英语自主学习的探索。对英语的自主学习是职业英语教学的一个重要补充，它能够帮助学生拓展知识面，提升各种能力。由于在英语学习中，自主学习的占比本身就比较大，因此教师在英语教学时一定要向学生灌输自主学习的观念，让学生明白自主学习在英语学习中的重要性。除此之外，教师可以教给学生一些基本的自主学习方法，让学生列出关于自主学习的目标与计划，通过自主学习巩固强化课堂知识。随着互联网的发展，可供学生自主学习的条件越来越多。学生可以利用学习网站完成对英语知识的学习，也可以搜索自己想要学习的内容，进行针对性的学习。

当学生的自主学习能力得到一定程度的提高之后，英语教师可以给学生安排一些与专业知识相关的英语训练。例如，对于汽车类专业的学生来说，可以让学生在课后自主收集汽车方面的专有名词。这种作业具有很强的开放性，能够让英语知识与具体的专业知识相结合，激发学生的学习兴趣，增加学生对具体行业的了解。在自主学习的过程中，学生的独立思考能力也能得到相应的锻炼。

3. 邀请行业专家开展英语讲座

为了更好地培养高职学生的英语能力，学校可以不定期地邀请专家学者开展英语讲座，展现各个行业的发展现状，分析各个行业现存的问题，明确具体工作岗位对人才的能力和素质要求。还可以让这些专家介绍西方的社会文化背景，让学生的知识面和视野得到拓展。开展讲座的目的是让学生感受到知识技能与具体的实践能力之间的转换。当学生对具体的行业或工作有了全面的了解之后，就能够对自身的能力做出准确的评估，从而更好地设立自己的学习目标。

4. 创办能够让学生获得口语交流机会的英语社团

英语社团是一个很好的平台，能够帮助学生学习英语，因为以社团方式组织的活动相对轻松，学生的学习兴趣很容易被激发。在参与英语社团过程中，可以对平时没有关注到的知识进行深入学习。英语社团可以安排各种各样的活动促进学生对英语的兴趣。例如，模拟职场环境让学生对自己所学的知识进行运用，培养学生的职业能力；举办演讲活动可以帮助学生锻炼英语表达能力，以及随机应变的能力；组织观看经典英文电影的活动，如《罗马假日》《肖申克的救赎》《阿甘正传》等，并要求学生进行影片赏析，以锻炼学生的写作能力、表达能力、逻辑能力，如果还能就所观影片以英语展开讨论，可以锻炼学生的口语能力。观看电影的目的就是要让学生感受英语能力的具体应用，并在这个过程中了解西方的一些文化背景和生活习俗等。

结　语

基于我国高等职业教育发展的时代背景，为了满足国内外企业对人才的迫切需求，本书将生态学理论、多元智能理论、建构主义理论，以及职业能力理论作为主要的理论指导，对现阶段我国高职英语教学的现状与问题展开探讨，从中发现我国高职英语教学面临着的诸多困境。这些困境严重影响了高职英语教学的效果与质量。由此可见，对多维视野下高职英语教学的现状、问题等进行研究还需要进一步深化，是一个具有现实价值的课题。实际上，高职英语教学是一项复杂的工程，涉及教学的各个方面，从多个维度对高职英语教学展开研究能够确保研究结果的准确性与客观性，从而为高职英语教学的发展与完善提供保障。总而言之，只有实现高职英语教学的全方位探讨，才能明确高职英语教学的真正价值，才能为我国社会经济的发展培养高质量的人才队伍。

参考文献

CHAURASIA P, 2020. Self-learning: A Constructivist Approach to Enhance Teaching-learning of Mathematics [J]. The International Journal of Indian Psychology, 8 (4): 383 – 392.

ELLIS M, JOHNSON C, 2002. 商务英语教学 [M]. 上海: 上海外语教育出版社.

GHOUATI A E, KHOUMICH A, BENATTABOU D, 2020. Application of Multiple Intelligences-based Approach in TEFL: English Teaching in Morocco as a Case Study [J]. International Journal of Innovation and Scientific Research, 47 (1): 11 – 16.

ISLAM M R, 2019. A Critical Reflection of Constructivist Teaching in CLT at Higher Secondary Education in Bangladesh [J]. I-manager's Journal on English Language Teaching, 9 (4): 65 – 77.

MOLAIE S, 2018. Apprentissage de l'Anglais en Contexte Universitaire: Motivation, Créativité et Rétention [J]. Linguistique.

SAIFUL J A, 2020 . New Innovation in English Language Teaching: Revealing Concepts and Applications of ECO-ELT [J]. Teaching of English Language and Literature Journal, 8 (1): 63 – 73.

SHARMA M R, 2020. High School Teachers' Experiences in Classroom Ecology of Language Teaching: A Study from the Phenomenological Perspective [J]. Journal of English Education and Teaching, 4 (4): 466 – 482.

ZAHOOR M, JANJUA F, 2020. Green Contents in English Language Textbooks in Pakistan: An Ecolinguistic and Ecopedagogical Appraisal [J]. British

Educational Research Journal, 46: 321－338.

安蔷，2019. 采用多元智能理论优化体教专业大学英语教学模式［J］. 佳木斯职业学院学报（2）：177－178.

曹李宏，2020. 基于职业能力的高职学生英语思辨能力研究［J］. 科技资讯，18（22）：166－168.

曹晓君，2019. 基于“支架理论”的比赛指导教学——以全国高职高专实用英语口语大赛为例［J］. 文化创新比较研究，3（8）：103－104.

昌荣，刘义恒，1997. 高等学校管理学［M］. 南京：南京大学出版社.

陈帆，2018. 职业能力培养视角下高职公共英语教学改革议［J］. 黑河学院学报，9（11）：102－104.

陈磊，朱庆卉，刘夏，2018. 基于职业英语能力培养为核心的高职英语教学模式实证研究［J］. 中国民航飞行学院学报，29（6）：25－30.

陈明洁，2021. 教育生态视域下高职公共英语教学改革的探索与实践［J］. 职业技术教育，42（5）：32－36.

陈睿，李秀娟，2020. 多元智能理论下高校英语教学应用与改革探讨［J］. 佳木斯大学社会科学学报，38（3）：185－188.

陈婷，2020. 论建构主义理念下高等院校公共英语写作课程教学改革［J］. 英语广场（36）：74－76.

陈卫红，2020. 基于职业素养下的高职英语教学［J］. 海外英语（17）：110－111.

陈晓语，2019. 基于职业能力培养的高职英语教学研究［J］. 产业与科技论坛，18（17）：211－212.

陈雪，2015. 大学英语课堂生态环境的建设研究——以东南大学大学英语教学为例［D］. 南京：东南大学.

陈艳莉，2018. 多元智能理论视域下电大英语学习者自我效能感的培养［J］. 湖南广播电视大学学报（4）：11－15.

程维娟，2019. 基于多元智能理论指导下的大学英语网络教学的隐性分层教学［J］. 湖北经济学院学报（人文社会科学版），16（12）：154－156.

褚天霞，2020. 基于学生英语职业能力养成的高职公共英语课程教学研究［J］. 济南职业学院学报（4）：42－44.

丛修凡，2019. 基于多维一体的大学英语教学法分析 [J]. 知识经济 (34)：117，119.

崔春萍，2020. 高校英语数字化教学资源库共建共享的研究与探索 [J]. 吉林工程技术师范学院学报，36 (10)：88 – 90.

代芳丽，2021. 有关职业核心能力培养的商务英语项目化教学的设计与实现 [J]. 湖北开放职业学院学报，34 (1)：180 – 181.

邓丽蓉，2019. 建构主义理论视角下高校英语教学发展路径研究 [J]. 陕西教育 (高教) (11)：34 – 35.

翟莲，2020. 以职业能力为中心的高职旅游英语专业教学探究实践 [J]. 湖北开放职业学院学报，33 (9)：148 – 149.

丁玉兰，2019. 高职英语课堂教学的四维生态模式研究 [J]. 海外英语 (6)：244 – 245.

董莹莹，2016. 多元智能理论与大学英语教学整合研究 [J]. 东莞理工学院学报，23 (2)：112 – 115.

杜旭雅，2020. 生态翻译学视角下高职高专英语专业翻译教学探析 [J]. 吉林省教育学院学报，36 (3)：137 – 140.

段园园，2018. 高等职业院校职业英语教学存在的问题与对策研究——以九江地区高职院校为例 [D]. 桂林：广西师范大学.

范国睿，2000. 教育生态学 [M]. 北京：人民教育出版社.

冯丽娜，2021. 社会建构主义视角下的思辨英语教学研究 [J]. 湖北开放职业学院学报，34 (2)：170 – 171，188.

冯庆华，2020. 支架理论下高职英语自主学习培养路径及方法 [J]. 太原城市职业技术学院学报 (8)：111 – 113.

付双娇，2018. 多元智能理论在医学专业大学英语教学中的应用 [J]. 文学教育 (下) (11)：87 – 89.

高彤彤，2018. 生态教学模式下的大学英语写作教学实证研究——以延安大学为例 [D]. 延安：延安大学.

高文，徐斌艳，吴刚，2008. 建构主义教育研究 [M]. 北京：教育科学出版社.

高星，2020. 职业能力视角下高职英语课堂教学模式改革策略 [J]. 林区教学（7）：80－82.

高振凤，杜娟，张琼，2020. 生态文明视域下高职公共英语课堂的现状与构建策略［J］. 佳木斯职业学院学报，36（2）：111－112.

谷利红，2018. 英语教学生态失衡成因分析与生态重构［J］. 文化创新比较研究，2（33）：107－108.

郭定芹，2019. 基于多维视角下的英语语言学研究——评《现代英语语言学的多维视角研究》［J］. 高教探索（9）：143－144.

郭家宏，黄雅琳，2020. 建构主义理论在高校英语课堂教学中的应用［J］. 财富时代（5）：190.

郭琦，毕娟，2020. 基于职业核心能力培养的高职英语教学研究［J］. 海外英语（21）：111－112.

哈博，2021. 高职院校英语教学现状与教学方法的创新［J］. 现代商贸工业，42（15）：140－141.

郝彬彬，黄馨文，2020. 中职英语教学职业化的体现方法［J］. 英语广场（18）：115－117.

何静，2020. 基于职业能力培养视角的高职英语教学模式改革研究［J］. 产业与科技论坛，19（7）：150－151.

何然，2021. 浅谈大学英语原生态教学中网络资源的应用［J］. 科学咨询（科技·管理）（2）：139－140.

何姗姗，2018. 多元智能理论在大学英语教学中的应用［J］. 池州学院学报，32（3）：145－147.

何艳华，2020. 大学英语翻转课堂教学下的生态给养转化研究［D］. 大连：大连外国语大学.

何自然，陈新仁，2014. 语言模因理论与应用［M］. 广州：暨南大学出版社.

何自然，2007. 语用三论：关联论·顺应论·模因论［M］. 上海：上海教育出版社.

亨德森，凯森，2010. 课程智慧：民主社会中的教育决策［M］. 夏惠贤，严加平，王维臣，译. 北京：中国轻工业出版社.

洪辉，2020. 基于职业能力培养的高校英语教学模式改革探索［J］. 产业与科技论坛，19（19）：180－181.

胡竞，2021. 混合学习理念下大学英语生态化教学模式构建研究［J］. 华北理工大学学报（社会科学版），21（2）：108－114.

黄金子，2020. 浅谈职业能力需求下的高职公共英语教学改革［J］. 辽宁师专学报（社会科学版）（2）：40－42.

黄菁菁，李明，2020. 基于建构主义的大学英语文化类拓展课程混合教学模式研究［J］. 海外英语（21）：30－31，36.

黄立群，2020. 构建基于职业需求的高职英语课堂的问题与策略探究［J］. 科技资讯，18（14）：114，116.

黄小妹，2017. 以岗位职业能力为导向的高职英语体验式教学的实践研究［D］. 广州：广东技术师范学院.

黄燕，2019. 基于建构主义的支架式教学法在高职英语教学中的应用［J］. 纺织服装教育，34（5）：464－466.

黄一平，2019. 建构主义视角下大学英语翻转课堂的建设研究［J］. 国际公关（9）：105.

黄颖，2019. 职业能力培养视角下应用型本科高校公共英语教学策略研究——以保定学院文物与博物馆学院为例［J］. 保定学院学报，32（6）：112－116.

霍力岩，2003. 多元智力理论与多元智力课程研究［M］. 北京：教育科学出版社.

加德纳，1999. 多元智能［M］. 沈致隆，译. 北京：新华出版社.

贾慧琳，2018. 大学英语课堂生态优化方法小议［J］. 黑河学院学报，9（12）：102－103.

贾秀珍，2018. 多元智能理论在高职英语教学中的运用探究［J］. 太原城市职业技术学院学报（8）：144－145.

贾钰，魏芳，2019. 教育信息化背景下高职英语课堂生态系统重构［J］. 产业与科技论坛，18（14）：275－276.

姜小妹，2020. 建构主义理论视角下的英语学科终身学习理念的落实［J］. 吉林广播电视大学学报（12）：154－155.

蒋丹，2019. 建构主义教学设计在高职英语教学中的应用［J］. 作家天地

(24)：42 - 43.

坎贝尔，等，2015. 多元智能教与学的策略［M］. 霍力岩，沙莉，孙蔷蔷，等译 . 3 版 . 北京：中国轻工业出版社 .

亢云洁，刘陈艳，2019. 多元智能理论下的大学英语词汇分类教学［J］. 海外英语（13）：44 - 45.

克瑞克维斯基，2002. 多元智能理论与学前儿童能力评价［M］. 李季湄，方钧君，译 . 北京：北京师范大学出版社 .

拉齐尔，2005. 多元智能与量规评价［M］. 白芸，杨东，魏奇，译 . 北京：教育科学出版社 .

蓝雅，2020. 基于多元智能理论的大学英语翻译教学模式研究［J］. 海外英语（7）：38 - 39.

雷静，2015. 高职院校职业英语教学改革研究［D］. 咸阳：西北农林科技大学 .

李娇，2019. 大学英语多维教学实践模式探索［J］. 济南职业学院学报（5）：31 - 34.

李倞，2020. 以职业核心能力培养为视角的高职幼师英语教学有效性分析［J］. 海外英语（13）：102 - 103.

李丽君，郭曼瑞，2018. 生态翻译学视角下大学英语翻译教学模式实证研究［J］. 华北电力大学学报（社会科学版）（6）：123 - 129.

李莉，2019. 以职业能力培养的高职英语教学模式探讨［J］. 福建茶叶，41（12）：132.

李琳，2020. 建构主义视角下高职英语自主学习模式研究［J］. 湖南邮电职业技术学院学报，19（2）：72 - 74.

李凌宇，2019. 建构主义视域下英语阅读课堂教学文化的构建［J］. 产业与科技论坛，18（22）：202 - 203.

李娜，2021. 英语教学中的课堂生态创新研究［J］. 教学与管理（3）：104 - 106.

李秋献，2021. 以职业素养培育为导向的技工院校英语教学改革探究——以广州市工贸技师学院的英语应用能力课程为例［J］. 职业（1）：84 - 85.

李世萍，2020. 多元智能理论在大学英语教学中的应用研究［J］. 佳木斯职业学院学报，36（4）：170－171，173.

李伟容，2020. 职业英语教学中跨文化交际能力的培养研究［J］. 佳木斯职业学院学报，36（3）：216－217.

李文娟，李艳芳，2018. 论高职英语课堂教学设计——基于多元智能理论与布卢姆教育目标分类学之融合视角［J］. 高等职业教育（天津职业大学学报），27（4）：40－43.

李雯，2021. 职业能力培养视角下高职英语教学模式改革探究［J］. 创新创业理论研究与实践，4（1）：7－8，20.

李幸，2020. 基于多元智能理论的大学英语多元化教学实证研究［J］. 当代教育实践与教学研究（9）：85－86.

李中杰，2021. 生态学视角下的英语语言翻译教育教学研究——评《生态视阈下的语言与翻译理论建构与诠释》［J］. 林产工业，58（1）：106.

廖素清，2019. 高职商务英语写作教学实施“抛锚式”教学模式的思考［J］. 湖北开放职业学院学报，32（22）：166－168.

林芝，2020. 多元智能理论在高中英语教学中的应用研究［J］. 英语广场（3）：124－125.

刘道芳，2020. 以岗位需求为导向的高职英语教学研究［J］. 武汉船舶职业技术学院学报，19（4）：69－73.

刘芳，2019. 基于建构主义理论的大学英语“问题教学法”研究［J］. 海外英语（18）：113－114.

刘海丹，2015. 运用多模态教学方式构建中职英语生态课堂［D］. 福州：福建师范大学.

刘徽，2008. 教学机智论［M］. 上海：华东师范大学出版社.

刘立新，2019. 建构主义视阈下英语教学与大学生人文情怀的培养［J］. 现代农村科技（8）：73－74.

刘利斌，2015. 建构主义理论指导下山西省高职英语教学改革研究［D］. 太原：山西财经大学.

刘明辉，2020. 基于建构主义理论的高职英语口语“iSmart 平台＋线下课堂”教学探索与实践［J］. 杨凌职业技术学院学报，19（4）：84－87.

刘微，2019. 简述移动学习平台的高职英语多维式教学策略［J］. 财经界

(35)：245－246.

鲁鸣，2021. 教育生态学视角下大学英语教学改革的问题与路径［J］. 西昌学院学报（社会科学版），33（1）：119－123.

陆碧静，2020. 高职非英语专业学生职业英语写作能力培养的探索与实践［J］. 财富时代（11）：218－219.

路云洁，2019. 职业能力培养下的高职英语教学研究［J］. 中国多媒体与网络教学学报（中旬刊）（11）：35－36.

栾维维，2018. 从职业英语技能大赛反思中职英语口语教学［J］. 中国新通信，20（23）：186.

索尔所，麦克林 O，麦克林 N K，2019. 认知心理学［M］. 邵志芳，李林，徐媛，等译. 8 版. 上海：上海人民出版社.

罗静，2020. 浅谈多元智能教学模式在高职《综合英语》教学中的应用价值［J］. 农家参谋（13）：238.

罗炜，李博，2020. 高职英语教学质量评价体系优化策略研究［J］. 重庆电力高等专科学校学报，25（6）：34－36.

罗雯，2020. 建构主义下大学英语教学中的中西方文化导入——以《创新大学英语综合教程》为例［J］. 海外英语（16）：164－165.

吕宝萍，2019. 建构主义视角下的大学英语教学——问题、成因及改革路径［J］. 榆林学院学报，29（4）：64－67.

吕枚芹，魏芳，2019. 基于课堂生态视角的高职商务英语混合式教学研究［J］. 现代商贸工业，40（21）：196－197.

马爱梅，2019. 生态语言学视域下的高职英语写作生态课堂的构建［J］. 广西教育学院学报（4）：139－144.

马辉，国锐，2021. 生态学视阈下工科院校大学英语教学模式的建构［J］. 黑龙江省政治管理干部学院学报（1）：148－150.

马丽丽，隋晓冰，张宏瑜，等，2020. 建构主义视角下高校英语教学思辨能力的培养路径探究［J］. 湖南大众传媒职业技术学院学报，20（4）：108－112.

马莉，2020. 学生职业能力培养与英语语言能力培养有机结合策略研究［J］. 智库时代（12）：190－191.

马培培，2021. 基于建构主义的高职英语智慧课堂建设研究［J］. 湖北开放职业学院学报，34（6）：170－171.

马荣，2019. 多元智能理论视角下的大学英语教学评价策略研究［J］. 才智（33）：42.

马树超，郭扬，等，2009. 中国高等职业教育　历史的抉择［M］. 北京：高等教育出版社.

马孝幸，2020. 建构主义视角下科技英语翻译教学的策略探讨——评《畜牧兽医专业英语》［J］. 中国饲料（17）：154－155.

迈尔，2010. 课堂教学方法（理论篇）［M］. 尤岗岚，余茜，译. 上海：华东师范大学出版社.

毛英芝，2020. 以建构主义理论为导向的高职英语支架式教学设计应用研究［J］. 长沙航空职业技术学院学报，20（2）：62－66.

莫玉玲，2020. 以职业能力需求为导向的高职英语课堂教学设计——以Reading的设计为例［J］. 科学咨询（教育科研）（4）：20－21.

牟红卫，2020. 基于职业能力培养的高职商务英语翻译教学探讨［J］. 英语广场（25）：62－64.

倪宇红，2020. 从教育生态学视角看高职英语教学［J］. 河北职业教育，4（3）：62－64.

倪宇红，2019. 信息化背景下高职英语生态课堂构建探索［J］. 高教学刊（13）：164－166.

牛达，2021. 基于职业能力培养的高职英语教学模式改革研究［J］. 成才之路（9）：10－11.

牛红梅，2019. 建构主义理论指导下英语微格教学实践［J］. 国际公关（12）：97.

牛莹，2015. 基于能力本位视角下的河南高职英语教学改革研究［D］. 长春：吉林农业大学.

潘虹，2021. 基于教育生态学探讨高职英语信息化教学失衡及其对策［J］. 海外英语（4）：258－259.

潘卫华，2019. 多元智能英语教学的初探［J］. 江西电力职业技术学院学报，32（11）：67－68.

彭雪梅，2018. 应用型本科院校大学英语教学改革探究［J］. 山西能源学院学报，31（6）：71－73.

钱佳，2020. 基于建构主义视阈的中国社区英语教学模式研究［J］. 海外英语（17）：74－76.

尚龙女，2018. 多元智能理论在商务英语领域中的应用［J］. 中外企业家（26）：153.

束定芳，2004. 外语教学改革：问题与对策［M］. 上海：上海外语教育出版社.

宋波，2019. 基于多元智能理论的高职学前教育专业英语教学模式探析［J］. 佳木斯职业学院学报（11）：114－115.

宋芳芳，2017. 多元智能理论指导下的高职艺术生英语教学研究［D］. 南昌：江西科技师范大学.

宋起慧，2019. 在高职英语教学中应用建构主义教学模式的策略研究［J］. 卫生职业教育，37（22）：86－88.

宋世芹，2019. 生态学视角下高职英语教材数字化出版面临的挑战及应对策略［J］. 无锡职业技术学院学报，18（4）：18－21.

宋争辉，2008. 高校职业能力课程开发与实施［M］. 开封：河南大学出版社.

苏红瑞，2020. 多元智能理论在大学英语阅读课上的运用研究［J］. 科技视界（14）：58－60.

孙宁标，2017. 基于交际能力理论的广东高职院校职业英语教学改革研究［D］. 广州：广东技术师范学院.

孙蕊，2020. 信息化时代高职英语教学生态环境改革与重构［J］. 现代职业教育（30）：4－5.

孙小菊，2017. 以职业英语能力培养为导向的高职公共英语教学改革研究——以湖北水利水电职业技术学院为例［D］. 武汉：华中师范大学.

孙旭春，2015. 网络环境下大学英语听说教学研究：理论、模式与评价［M］. 昆明：云南大学出版社.

孙雪梅，2019. 高职英语教学评价探析［J］. 安徽工业大学学报（社会科学版），36（6）：71－73.

泰勒，1994. 课程与教学的基本原理［M］. 施良方，译. 北京：人民教育出版社.

谈丽，2020. 建构主义对高职非英语专业英语教学的启示［J］. 海外英语（1）：82－83.

谭春月，2020. 以“职业能力发展”为指导的高职高专大学英语教学研究［J］. 才智（11）：190－191.

谭莉，刘宏玉，2020. 基于多元智能理论的高校商务英语专业教学改革［J］. 山东农业工程学院学报，37（4）：109－111.

唐林飞，2020. 基于新建构主义理论的高职英语口语课堂教学设计［J］. 黄河水利职业技术学院学报，32（2）：83－87.

唐晓丽，2020. 职业能力培养视角下的高职公共英语教学探究［J］. 科教导刊（中旬刊）（14）：27－28.

滕薇薇，李岚，2018. 生态化大学英语课堂的构建［J］. 才智（35）：48.

滕智红，2019. 论以建构主义理论为基础的大学英语实践课程教学模式［J］. 湖南科技学院学报，40（11）：111－113.

汪利平，陈恳，2019. 职业能力视角下高职英语教学模式分析［J］. 科学咨询（教育科研）（11）：39.

王冰莹，2020. 信息化教学下高职英语生态课堂的构建策略探讨［J］. 财富时代（8）：174－175.

王波，2021. 信息化语境下大学英语教学生态体系重构与创新［J］. 陕西理工大学学报（社会科学版），39（1）：67－71.

王博佳，2021. 基于建构主义的英语辩论混合式教学范式［J］. 海南师范大学学报（社会科学版），34（1）：84－92.

王翠艳，2018. 以职业能力为导向的高职公共英语教学改革研究——以扎兰屯职业学院为例［D］. 哈尔滨：哈尔滨师范大学.

王大方，2020. 大学英语信息化教学的生态失衡与多维交互重建［J］. 考试与评价（大学英语教研版）（6）：69－73.

王东，2019. 多元智能理论视角下“大学英语”教学评价体系的构建［J］. 淮海工学院学报（人文社会科学版），17（3）：135－137.

王飞，2019. 基于职业能力培养的高职英语教学改革［J］. 南方农机，50（16）：127－128.

王惠，2020. 建构主义与高职英语课堂教学［J］. 江西电力职业技术学院学报，33（9）：23－24.

王莉，2019. 生态理念下高职英语教学发展探讨［J］. 陕西教育（高教）（8）：29－30.

王秋瑶，2020. 基于建构主义理论的专门用途英语教学设计——以工业设计英语为例［J］. 科教导刊（下旬刊）（33）：121－122.

王莎莎，2019. 基于职业能力培养的中职英语教学改革研究［J］. 开封教育学院学报，39（12）：140－141.

王涛锋，2019. 多元智能理论在商务英语教学中的应用［J］. 黑龙江教育学院学报，38（2）：151－153.

王天予，2019. 社会建构主义教学思想在大学英语课程中的应用研究［J］. 黑龙江教育（理论与实践）（10）：11－12.

王薇，2018. 从职业能力培养看职业英语技能大赛对高职英语教学的推动［J］. 科教导刊（中旬刊）（32）：20－21.

王文臣，2020. 建构主义视角下“大学英语”混合式教学模式探索研究［J］. 科技视界（33）：49－50.

王小简，2019. 高职英语教学中融入创新创业教育的途径研究［J］. 创新创业理论研究与实践，2（18）：38－40.

王小玲，2020. 抛锚式智慧翻转课堂教学模式应用研究——以高职英语教学为例［J］. 湖南邮电职业技术学院学报，19（4）：80－82，100.

王育霞，2019. 职业能力培养视角下高职英语教学模式改革研究［J］. 江西电力职业技术学院学报，32（8）：51－52.

魏华，2018. 大学英语生态课堂与生态教学模式的路径探索［M］. 南京：东南大学出版社.

文秋芳，王立非，2004. 英语学习策略理论研究［M］. 西安：陕西师范大学出版社.

吴鼎福，诸文蔚，2000. 教育生态学［M］. 2 版. 南京：江苏教育出版社.

吴珂，2020. 生态语言学视域下高职公共英语课堂教学研究［J］. 中国多媒体与网络教学学报（中旬刊）（1）：194－195.

吴伟，2020. 多元智能的大学英语教学模式研究［J］. 教育现代化，7（42）：11－14.

吴筱明，2020. 基于职业能力培养视角的高职公共英语教学模式改革探究［J］. 湖北开放职业学院学报，33（23）：185－187.

吴艳，2020. 建构主义理论下英美文学与大学英语教学融合路径［J］. 长沙民政职业技术学院学报，27（4）：119－122.

武洁，2018. 多元智能理论在商务英语领域中的应用［J］. 淮南职业技术学院学报，18（5）：81－82.

夏惠贤，2003. 多元智力理论与个性化教学［M］. 上海：上海科技教育出版社.

肖红冰，2015. 建构主义理论指导下的高职高专院校英语文化教学策略的实证研究［D］. 合肥：安徽大学.

肖友群，刘苹苹，2019. 多元智能理论视域下的我国英语教学研究——一项基于基础教育与高等教育的比较分析［J］. 教育观察，8（35）：120－122.

谢婷婷，吴江，陆晓芬，2019. 基于混合式教学模式的商务英语口译教学实践——以江西省职业院校教学能力比赛获奖项目《舌尖上的传译——宴会饮食口译》为例［J］. 教育现代化，6（89）：58－59.

谢宛伊，2018. 基于多元智能理论的高职英语教学探索［J］. 科技资讯，16（21）：194－195.

谢秀珍，2018. 生态理论关照下的应用型本科商务英语专业课程教学研究［J］. 考试与评价（大学英语教研版）（6）：8－10.

徐爱君，2020. 构建高职院校生态化英语课堂的策略分析［J］. 现代交际（17）：1－3.

徐国庆，2008. 职业教育课程论［M］. 上海：华东师范大学出版社.

徐虹，2020. 基于职业能力培养理念的高职公共英语教学研究［J］. 海外英语（17）：154－155.

徐娟，2020. 教育信息化背景下高职英语教学多元评价策略［J］. 佳木斯职业学院学报，36（8）：179－180.

徐译瑛，2019. 建构主义理论视阈下的“站点轮换”混合式学习在大学英语教学中的应用研究［D］. 长春：吉林大学.

许丽莎，2020. 基于职业能力培养视角的高职英语教学模式改革研究［J］. 英语广场（20）：70－72.

薛娜，2020. 基于多元智能理论背景的高校英语教学评价体系创建研究［J］. 国际公关（3）：60，62.

严中华，2009. 职业教育课程开发与实施——基于工程过程系统化的职教课程开发与实施［M］. 北京：清华大学出版社.

杨春霞，2020. 以提升学生职业能力为目标的高职英语“互联网＋”教学策略分析［J］. 海外英语（16）：258－259.

杨剑，2020. 以职业能力培育为基础的茶文化英语教学策略探讨［J］. 福建茶叶，42（8）：206－207.

杨静怡，2019. 基于综合职业能力培养的高职英语课程体系构建［J］. 中国职业技术教育（26）：41－43，57.

杨夏芸，2021. 多维互动教学模式在英语教学中的实践与研究［J］. 吕梁学院学报，11（1）：94－96.

杨玉珍，2019. 建构主义指导下英语课堂教学评价改革［J］. 江西电力职业技术学院学报，32（7）：41－42.

姚芬，2019. 生态学视阈下大学英语教学中的学生生态位研究［D］. 昆明：云南师范大学.

姚美林，2020. 多元智能理论在独立院校大学英语阅读教学中的应用研究［D］. 桂林：桂林理工大学.

姚益，2019. 多元智能理论在中高职贯通英语词汇教学中的应用研究［D］. 上海：上海师范大学.

殷书姣，2018. 基于职业能力培养的高职酒店英语教学改革研究［J］. 产业与科技论坛，17（24）：158－159.

尹梅，2021. 基于职业能力培养视角的英语教学改革研究［J］. 科教文汇（上旬刊）（2）：181－182.

尹楠，2019. 职业能力培养视阈下高职商务英语课程教学改革研究［D］. 石家庄：河北师范大学.

于清清，2020. 基于职业能力培养视角的高职英语教学模式解析［J］. 国际公关（5）：74－75.

俞孝梅，2019. 多元智能理论在英语教学中的应用［J］. 山东农业工程学院学报，36（6）：172－173.

喻晋珣，夏凯，2020. 建构主义理论下高职大学英语与专业英语的有效衔接［J］. 食品研究与开发，41（21）：229.

袁莉，2019. 通识教育背景下高职英语生态化教学探析［J］. 西部素质教育，5（9）：213－214.

云润，2018. 基于职业核心能力培养的中职公共英语项目化教学研究——以海南 H 职业学校为例［D］. 天津：天津大学.

曾彩霞，2016. 以职业能力为导向的高职公共英语教学改革研究［D］. 长沙：湖南师范大学.

张宝花，2019. 多元智能理论视角下的大学英语课堂教学研究［J］. 才智（30）：188－189.

张凤琴，2020. 高职旅游英语教学中的职业能力培养探析［J］. 英语广场（2）：71－72.

张杰，2019. 建构主义理论在职业学院英语口语课堂教学中的应用［J］. 海外英语（23）：65－66.

张奎明，2017. 建构主义视域下的教师专业发展研究［M］. 北京：北京师范大学出版社.

张蕾，2018. 多元智能理论在中职英语阅读教学中的应用研究［D］. 苏州：苏州大学.

张丽，2019. 基于职业能力培养的高职英语教学改革［J］. 山东商业职业技术学院学报，19（4）：58－60，65.

张琳，2015. 多元智能视阈下高职公共英语教学策略研究［D］. 秦皇岛：河北科技师范学院.

张璐，2018. 多元智能理论指导下的高职英语阅读教学活动设计研究［J］. 湖北函授大学学报，31（20）：172－174.

张美玲，2019. 基于建构主义的大学英语课堂活动设计研究［J］. 教育现代化，6（95）：197－198.

张淑燕，2013. 多元智能理论与英语教学研究［M］. 成都：西南交通大学出版社.

张阳，2019. 基于建构主义理论的大学英语听说教学探析［J］. 海外英语（19）：110－111.

张杨，叶珊珊，冯瑾涵，2011. 基于生态位的技术能力演化策略研究［J］. 企业研究（2）：68－70.

张姚，王黎韬，2020. 多元智能理论视阈下数字资源在高校英语教学中的应用策略研究［J］. 北京印刷学院学报，28（9）：143－145.

张怡宁，2019. 对基于职业能力培养的高职英语教学的几点探讨［J］. 中外企业家（34）：115.

张于琳，2019. 多元智能理论商务英语领域中的应用［J］. 湖北开放职业学院学报，32（5）：165－166.

张振瑶，2020. 基于高职生职业能力培养的英语教学模式改革对策［J］. 才智（13）：60.

章薇，2019. 教育生态化对高职英语教育的意义探究［J］. 科技资讯，17（31）：131，133.

赵冲，2020. 基于建构主义学习理论的高校英语教改探析［J］. 海外英语（22）：168，172.

赵丽娜，2018. 自媒体时代下民办高校大学英语教学生态体系构建研究［J］. 中外企业家（35）：195－196.

赵倩，2021. 建构主义学习观对英语阅读教学的指导意义［J］. 海外英语（4）：162－163，167.

赵雨，2021. 教育信息化时代大学英语生态化教学实践研究［J］. 英语广场（9）：69－71.

赵媛韧，2020. 运用知识建构教学促进职校学生学习投入的实证研究［D］. 南京：南京师范大学.

郑旭，2021. 多维互动教学模式在高校英语教学中的应用探究［J］. 海外英语（6）：121－122.

智文静，2020. 高职院校英语教学质量评价现状与对策研究［D］. 石家庄：河北师范大学.

周德纯，2020. 高职英语教学中差异教学的设计和实践［J］. 英语广场（7）：110－112.

周佳雯，2021. 民族地区大学英语教学中的生态文化渗透研究［J］. 品位·经典（2）：125－126.

周薇，2017. 建构主义视角下大学英语综合教材研究——以全新版《大学英语综合教程》为例［D］. 南宁：广西大学.

周育竹，2019. 高职英语教学中职业能力培养的探索［J］. 国际公关（11）：76，78.

庄碧群，2020. 情境化教学：基于职业能力本位的中职英语课堂教学研究［J］. 海外英语（8）：217－218.

卓嘎，2020. 中职英语教学中学生职业能力的培养分析［J］. 中国新通信，22（16）：170－171.

邹爽，2019. 建构主义视阈下大学英语“翻转课堂”教学模式研究［J］. 鄂州大学学报，26（4）：54－57.